MW00784514

Contemporary Eastern Orthodox

———— and ————

Roman Catholic Communications

Correspondence in English and Greek of

BISHOP ATHENAGORAS KOKKINAKIS

and

J. FRANCIS CARDINAL McINTYRE

▼

SAN FRANCISCO, CALIFORNIA

1957

CONTEMPORARY EASTERN ORTHODOX

AND

ROMAN CATHOLIC COMMUNICATIONS

CORRESPONDENCE OF

BISHOP ATHENAGORAS KOKKINAKÍS

AND

J. FRANCIS CARDINAL McINTYRE

Published by the Fourth Diocese
Greek Orthodox Ministerial Association

"SAINT PHOTIUS"

SAN FRANCISCO, CALIFORNIA

Introductory Note

Recently John Karmiris, Professor of History of Dogmas at the Theological School of Athens University, wrote to His Grace, Athenagoras Bishop of Elaia, suggesting that the latter publish his correspondence with His Eminence, J. Francis Cardinal McIntyre, Roman Catholic Archbishop of Los Angeles, California. Professor Karmiris felt that this exchange of letters between an Orthodox and a Roman Prelate has historical significance within the scope of the existing relationship between Christian Orthodoxy and Roman Catholicism.

The Council of the Greek Orthodox Clergy of the Fourth Diocese, Saint Photius, which embraces the eleven western states of the United States, has viewed this correspondence with the utmost regard. It has been translated into many languages and has been favored with abundant commentary in numerous theological periodicals both here and abroad.

The Council has decided to publish this exchange of letters in Greek and English for the religious edification and enlightenment of our Faithful and all others interested. We consider this project a singular privilege since His Grace initiated this correspondence and wrote his letters when he was Bishop in charge of our Diocese. We are still mindful of the multisided responsibilities burdening his shoulders at the time that he penned his thoughts.

We are confident those who read this booklet will benefit immeasurably, for these letters strikingly manifest the respective attitudes of the two separated Churches toward union

The East and West have remained aloof many centuries The correspondence between an Orthodox and a Roman hierarch upon the completion of nine centuries since the unfortunate Schism of 1054 constitutes a refreshing beginning toward the attainment of Christian fellowship, in a spirit of brotherly discussion, mutual regard and love. The first letter of His Grace to the Cardinal emphasizes this point.

We pray that this spirit will eventually prevail to the glory of our Lord and the safeguard of peace among men through the Church

THE VERY REV ANTHONY KOSTUROS, President
Council of Greek Orthodox Clergy
of the Fourth Diocese "Saint Photius"

San Francisco, California, 1956

[3]

On the Nine-Hundredth Anniversary
Of the Schism — 1054-1954

To: His Eminence
J. Francis Cardinal McIntyre
Roman Catholic Archbishop of Los Angeles.

Your Eminence:

This year we are observing the nine-hundredth anniversary of a sad event, that of the Schism which occurred in the life of the Holy Church of Christ, and set apart her two districts, the Western and the Eastern, embracing the One, Holy, Catholic and Apostolic Church, which prior to 1054, being united with the bonds of Faith and love, had successfully fought the heretical enemies of Christ, had survived persecutions, had offered to God and to the world Saints, Martyrs, great Preachers, Confessors, and zealous workers in all the fields of Christian endeavor Since the Schism set these two districts apart, their march toward spiritual progress was engulfed by antagonism and intrigue, aiming to make the one submit and surrender to the other's objectives and plans.

Recently *Apostolos Andreas*, the official weekly paper of the Patriarchate of Constantinople, in its issue No 135, included an article with reference to this anniversary It is my desire to bring this article to your attention I therefore extend to you this letter in brotherly love, trusting that you will join me in prayer to our Lord, the Shepherd of the Church, that the East and West might understand and embrace each other so that united in Faith and love we might exist as One Flock of the Good Shepherd.

In the aforementioned article, the Schism is called "sorrowful" due to the lamentable consequences suffered by both the Eastern and Western districts of the One Church. The anniversary is recognized as "sad" because the Schism has delayed the victory, which the Christian Faith is destined to achieve according to the prophetic words of our Lord: "I have overcome the world" (St. John 16:3); "This is the victory that overcometh the world, even our faith" (1 St John 5:4).

The author of this article, considering the magnitude of misfortunes and sufferings inflicted upon the Church since 1054, suggests that the Christian soul find consolation in the event that will take place this coming August in Evanston, Illinois, where the Christian World will meet in its Second Conference to study the theme: "Christ the only hope of the world."

According to this well-informed writer, it is certain that all Orthodox Churches will attend this Conference. Even those living in silence and martyrdom behind the Iron Curtain are expected to be present. He notes with regret that the Church of Rome will be officially absent, and possibly will follow the discussions and deliberations through observers

Commenting on the gravity of the consequences of the Schism, the Parisian journal *Mont* wrote that this nine-hundredth anniversary will be an opportunity for new thoughts, relative to the history and tragic results of the separation of Christendom.

In view of the devastating results of the Schism, Benedictine and Dominican monks as well as the "Istina" group are seriously studying a more intensified program of cooperation with the Orthodox Theologians. Father Le Guiyu, a Roman Catholic Priest, points out in the magazine *Vie Spirituelle* that the one-sided evolution of the Western Church after the Schism, deprived of the influence of the Eastern, is recognized as one of the causes that created the Reformation and Protestantism.

The writer of *Apostolos Andreas* completes his article with the following suggestion, worthy indeed of serious consideration: "The Church of Rome must be convinced by now that with methods and means that it has used it is impossible to succeed in uniting or bringing the Churches under her influence and jurisdiction. It would be better to take the initiative and lead in a movement of friendliness and cooperation among the Churches in the moral and social field of action Such a movement will be the first step on the road which some day will bring the Christian World toward the 'One Church,' toward the 'One Flock' under One Shepherd, assuredly not a human, but certainly the Christ, the God-man."

Since the Schism nine centuries ago, both the Roman and the Orthodox Churches have been tried in so many ways. In the first place, they have been deprived of the mutual consolation and encouragement in the struggle against sin, and have failed to make the effects of the saving Life or Christ more abundant and unitedly impressive. They have been taught through trying experience that through disregard for each other's particularities, and in some way forcing upon each other their respective traditional beliefs, more harm than good has been created. Thus, these additional obstacles have prevented the spirit of love from influencing and directing our steps toward unity.

The experience acquired during the nine centuries of separation prove that:

1. The Western Church has not been able to convince the Eastern as to the validity of Her own doctrinal points added to the then-existing dogmas and customs; nor the Eastern the Western to change and alter or even abandon any of these dogmatical additions.

2. Proselytism has not been fruitful either for the Eastern or for the Western Church. Indeed it has further widened the chasm of the Schism

3. The so-called Uniate movement has contributed nothing substantial to the benefit of the Western Church, because the Uniates proved themselves very shallow and changeable in their religious convictions. They have either returned in groups to their former religious traditions, or covered themselves with the shadow of indifference, thus becoming easy

[5]

prey to Communistic propagandc. Those who have remained in their new ecclesiastical allegiance primarily consider the material assistance and advantages they expect to receive, rather than the truth of their new religious affiliation

4. The growth of the Protestant World and the successful efforts for cooperation and unification of power everywhere, and especially in the United States of America, show the methods of proselytism futile and weak to convince and bring back the Protestants to the realm of the Roman Catholic Church from which they emanated after the Schism

5 The powers of Christ, divided and in many respects and ways in evident opposition, are not able to stand impressively in togetherness against the contemporary enemy. The Cross, in hands that are not joined in peace and love, fails to impress The Gospel, spread and interpreted by opposing groups that seek converts from each other, fails to touch the hearts and change lives All these are hapenning while the forces of the enemy increase, while the waves of sin grow, and atheism and Communism cover our lives with their moral and spiritual perversion, threatening the very existence of the Christian Religion, converting young and old to its ranks

The leaders of the free nations everywhere and in our United States, and all conscientious statesmen and politically-minded people, are prompted to ask: "What are the Christian Churches doing in the struggle against the enemy of freedom and religion?" The isolated actions taken by the individual Christian groups will never succeed to impress or even influence the international issues. Their conrtibution adds nothing to the fact of inaction on the part of the Christian world as a unit Who would disprove or deny that this apathy serves the cause of Communism whose agents are free to invite support and fellowship even from among the ranks of Preachers and interpreters of the Gospel of Christ? Justly, therefore, those of the free world who fight Communism can apply to the divided Christians the words of Christ against the Pharisees: "They say, and do not" (St. Matthew 23:4).

What does Rome, or Constantinople, or Canterbury, or the World Council of Churches say? They issue attractive and true statements The results, however, remain the same without any practical effect. Because all isolated actions are weak and unable to replace the powerful influence that the Christian world would exercise when working on a universally accepted program

The moral and social crisis reigning over the world today is challenging the Church, the universally recognized power, to influence the reconstruction of the moral and spiritual consciousness of mankind. This challenge must be answered with power and apostolic zeal by the Church. Putting aside all barriers and obstacles, the Church must offer Her whole strength to help and protect our faltering civilization Her strength, however, and power and prestige are not expected to be found in material possessions, in real estate, and in multitudinous institutional organizations Her power is centralized in the actuality of love, the fulfillment of our Lord's Commandment, set by Him to be the characteristic of all

[6]

His followers "A new commandment I give unto you that you love one another, as I have loved you, that ye also love one another" (St John 13: 34-35) The world today challenges the Church to show in actuality the validity of this commandment exemplified in Her Life. How can we say that this Commandment, the characteristic of Christian fellowship, motivates the life and work of the Church, since antagonism is so evident in our efforts, and since we do nothing to bridge the gulf of Schism?

The power of Christian life, put to action in the effort of all conscientious Christians to achieve mutual understanding and cooperation for the benefit of mankind, will prove its superior and miraculous qualities again as in the case of Martha and Mary, the sisters of St. Lazarus

Both saintly sisters had genuine love in their hearts for their brother's friend. Their reaction, however, in front of Christ when He talked about the resurrection of their brother did not show any sign of living Faith. The one remained home while the other rushed to meet Him She told Christ that were He present her brother would not have died To the Lord's assertion, however, that Lazarus will rise, she paid no attention. Her answer referred not to the immediate resurrection but to that of the "last day" Nevertheless, they followed Christ to the grave of their brother Love, not Faith in Jesus, guided their steps. Martha, unrestrained in her sorrow and weak in her trust to the power of Jesus, let out the scantiness of her Faith when she said to Christ: "Lord, by this time he stinketh, for he has been dead four days" (St John 11:39). The result, however, was the resurrection of her brother.

In this case, love, not Faith, caused the miracle. The shaken faith, weakened and depressed by sorrow, was not strong enough to serve The love of the Lord met the love of the bereaved sisters and then the miracle was effected. The presence of love was enough for the Lord to call the dead back to life and thus revive and strengthen the lost Faith.

Why cannot something similar happen today as a result of our effort to strengthen the bonds of love and achieve the cooperation among the Churches? Why cannot love, put to action in the practical field of cooperation of all Christians, raise and revive in us that Faith which will lead all of us to make real the prayer of Christ "that all be one"? (St. John 17·11-21) Love will bolster the faith shaken and enfeebled by the Schism so that it might shine forth anew in the splendor of victory Our hand-in-hand march against sin and our unified defense against the common enemy of Christianity will inspire our souls to pray more fervently to our Lord "for the unity of all " Our conferences and studies of contemporary problems will guide us on the way leading to the door of unity, bringing to reality our Lord's prophesy that there be "one flock and one Shepherd" (St John 10:16)

The Orthodox Catholic Church has seriously studied the signs of the times and the contemporary trends and tragedies that challenge us all as Christians After the first World War the Orthodox Church, putting aside all difficulties and barriers, was instrumental in introducing the idea of creating the "League of Churches" (Koinonia Ekklesion) Today the Orthodox Church takes an active part with the Protestant groups in conferences aiming to help the Christian World to achieve cooperation under a unified program for the sake of peace, the protection of the Christian way of life, and the defense against Communism. In so doing, the Orthodox Church avoids participation in dogmatic discussions, knowing that the Christian doctrines have been sealed and completed in infallible decisions made at the Seven Ecumenical Councils of the undivided Church.

Is it beyond possibility for the Roman Church to do the same thing? Putting aside all obstacles and barriers that circumstances have accumulated and considering the good of cooperation higher than all expected results of isolated endeavors, the Roman Church would do well to accept the suggestion and call all the Christians of the world to a conference of love and brotherhood for the following three-fold purpose:

1. To study methods and ways to fight sin under a unified program and protect peace and the Christian values;

2. to gather and organize all the powers of Christianity to defend humanity against the assaults of Communism, the enemy of religion and freedom; and

3 to establish circles to study theological subjects along the pattern of those formed in France between Roman Catholic and Orthodox theologians Similar circles of study formed in the United States of America will contribute immensely to our mutual understanding and cooperation.

I hope, your Eminence—"and hope does not fail"—that you will exercise all the influence accorded your position and rank, so that the leaders of the Roman Church might accept and study the proposal suggested by the paper *Apostolos Andreas* of the Ecumenical Patriarchate, and thus assume the initiative of inviting all Christians for a "Koinonia" of cooperation in love and brotherliness in defending our Christian heritage, threatened today by the organized forces of atheistic Communism.

In closing, I invite your Eminence to visit St Sophia Cathedral now that it has been completed.

Asking your prayers, I remain,

Your brother in Christ,

† BISHOP ATHENAGORAS.

St. Sophia Cathedral
Los Angeles, California
June 16, 1954

Response of Cardinal McIntyre

His Excellency
Most Rev. Athenagoras Kokkinakis
Bishop of Elaia
Cathedral of St Sophia
1404 So. Normandie
Los Angeles, California.

Your Excellency:

I am grateful to Your Excellency for your kind letter of June 16th, and the accompanying booklet, which is most interesting, and which contains your autograph.

The subject Your Excellency proposes is of great magnitude, and at the same time of great importance, and particularly in the prospects of peace.

I shall be pleased to refer your letter to a committee of our Theologians who are familiar with the prevailing comments on this subject, and ask that they study the reflections in your letter.

I shall be happy to visit St. Sophia one of these days. I have heard much of the continued inmprovements you have made.

With sentiments of esteem, I am,

—Faithfully yours in Christ,

J. FRANCIS McINTYRE
Archbishop of Los Angeles

[9]

Further Response of Cardinal McIntyre
ARCHDIOCESE OF LOS ANGELES
1531 West Ninth Street
Los Angeles 15, California

July 9, 1954

His Excellency
Most Reverend Athenagoras Kokkinakis
Cathedral of St Sophia
1404 South Normandie
Los Angeles, California.

Your Excellency:

I am writing in further response to your esteemed letter of June 16th. After consideration I am venturing the following comments.

We share with our Orthodox brethren extreme sadness on the occasion of the celebration of the nine-hundredth anniversary of the Schism of the East. We greet in our Orthodox brethren the steadfastness in the Apostolic faith which they have manifested amidst the greatest of difficulty. In this faith we Catholics maintain always the hope of complete union. We know that those bodies of Christians that have wandered from the true sacramental life, from the sacrificing priesthood, represent an obstacle to reunion that is far more formidable. We rejoice in the confidence of our Lord's prayer at the Last Supper, "That All May Be One " In this hope of Christ is our eternal hope. It is in such a spirit that we do address ourselves to our Orthodox brethren, knowing that they will recognize this common bond, a bond made more firm in this year of our Lady, to whom they have equal devotion, as Pope Pius XII has so clearly stated in his magnificent Encyclical Letter, "Fulgens Corona," of September 8, 1953.

If we review the history of the relations between the Popes, the Bishops of Rome, and the East, we can echo the sentiments of Pope Benedict XIV, of the eighteenth century, when he said, "If any harm has been done to the rites of the East, it is not to this Holy See that it can be ascribed." We also remember the severe condemnation leveled against the Venetians by Pope Innocent II in 1204, after the deceitful capture of Constantinople. We have no sympathy, as the Popes had no sympathy, with any attempts on the part of the West to aggrandise themselves at the expense of the East.

On the other hand, there have been so many attempts on the part of the Popes to bring about reunion that the sad reactions in the East are a source of a great sorrow to every Catholic. There was that moment in

1869 when Pope Pius IX invited the Patriarchs of the East to come to the Vatican Council to discuss the matters of difference His invitation was rejected and the many invitations of the Popes since Leo XIII, who died in 1903, to our present Supreme Pontiff have had practically the same result Therefore, it cannot be said that Rome has not made attempts to gather the Christian world together on every level

Knowing the great progress in reunion since the 1550's, when the Nestorians came back into union with Rome in great numbers, we cannot agree that the so-called "Uniates" there may be described as "shallow and changeable in their religious convictions" It happens that the greatest martyrs in our Church at this moment are martyrs in the Eastern Catholic Churches beyond the Iron Curtain In this country, we look around at progress made among the Eastern Catholics, seeing the great Slav bodies with their Bishops, their priests, seminaries and schools. In the Middle East, we witness every day reunions with Rome on the part of Orthodox If material gain is to be their lot, then we have ample witness that this is hardly true, since many of them have lost properties and position because of their union with Rome.

Accordingly, we can hardly agree with the statement of the writer in *Apostolos Andreas* to the effect that "The Church of Rome must be convinced by now that with methods and means that it has used it is impossible to succeed in uniting or bringing the Churches under her influence and jurisdiction" Beginning with the leadership of the Pope himself, we pray daily for the union of all in Christ. We have a special Octave of prayer in January for this holy aim During the days of Epiphany, in Rome, the various Eastern Liturgies are offered daily for the same holy purpose We know that schisms that have gone on for ninehundred years cannot be healed in nine hundred days, but we also know that the prayer of Christ, as offered in the Divine Liturgy of the Mass, will ultimately avail You must know also that ever since 1862, there has been a special department for the Eastern Churches in Rome, called the Sacred Oriental Church. This is the powerful agency of the Popes to work for reunion day after day In the publication of liturgical books, in the training of priests and the maintaining of many works of mercy, this Congregation, relying on the Catholics of the world, is an objective proof that the Church of Rome yearns with its Master for the happy day of unity in Christ.

May we suggest that the constant claim of the East that all doctrinal development ended with the last of the Seven Ecumenical Councils, while not our judgment, does make a point in regard to reunion, since it was in those Seven Councils that all the things we hold are defined. It was at those Councils that representatives of the Bishop of Rome were present and signed first. In these latter years, when the Popes have defined as doctrines always believed by Christians the Immaculate Conception of our Lady and Her Assumption into heaven, there has been denial from the East, which had always believed the same until the Pope of Rome undertook to define these doctrines For us, definition of the doctrine by the Pope is merely the seal of confirmation that a doctrine has always been believed in the practice of the Church.

The Orthodox Church is far from the Protestant groups, as I have said, because it preserves a content of doctrine and a sacramental life, which the Protestant groups have rejected. Pope Pius XI in his letter on Christian Unity, pointed the way for unity but he also showed that the Church of Christ can never enter into dogmatic discussions with these groups that have gone so far from the contents of the faith. Furthermore, Your Excellency will recognize that, in our daily life in every city of the United States, we have constant evidence of acts of collaboration in social and economic matters with our Protestant and Orthodox brethren. Our welfare work and our various community enterprises prove that we try to live as neighbors and friends and, to do this, while making no compromise of the content of our doctrine and of the moral conclusions to our profession of the Faith, we do everything to live together in harmony and in peace.

I have not attempted to answer by point the letter of Your Excellency, since that would be not only a long process but also alien to the spirit in which I answer your gracious comments. I merely wish to allude now to the suggestions you give on the last page of your letter as to a world conference of love and brotherhood called by the Church of Rome It would be enough to read the statements of the Popes and of our Bishops in the United States, to note how anxious all are to study methods and ways to fight sin under a unified program This is indicated almost weekly throughout the world by our Catholic body. The Popes have invited the powers of Christianity to defend humanity against the assaults of Communism and perhaps the best indication of that is that the first persecuted in any Communist dominated country are the Catholic hierarchy, of both Western and Eastern Rite, the priests and the Catholic people Would to God that his leadership would go unchallenged by the Christian bodies of the world As to the circles of study between Roman Catholic and Orthodox Theologians, these do go on in a private way in these United States, as they go on in other countries Not only are there such private conferences, but there are public conferences, beginning with the Annual Fordham Conference on Eastern Rites, at which I presided many times when I was stationed in New York Pope Pius XI directed that in every seminary and Catholic College and University, similar conferences would be held yearly and this movement has grown to remarkable proportions Our common Catholic people grow more and more cognizant of the existence of our separated brethren and of those brethren of Eastern Rite, who have returned to union with Rome Your Excellency must realize that the Catholic Church in the United States has been preoccupied over the past century with the tremendous growth of works, while the Church of France has not had analogous immigration and perhaps not the same problems.

Of course, it must be borne in mind that a fundamental difference is present when doctrine and dogma are disregarded. There is a fundamental dictum that we cannot have morality without dogma, and hence we

[12]

find uselessness in these days in attempting to establish standards of moral and spiritual values without basic morality and principles, which are to be found, of course, in the Councils of the early centuries when doctrine was well defined; as well as in the Natural Law with its universal concepts

All in all, I feel that one who scrutinizes the magnitude of the Papal documents on the East, the extensiveness of the works of the Church of Rome for the East, the spirit of sympathy expressed always by our hierarchy and people for the Orthodox, will come to the inevitable conclusion that the effort toward union has been reasonable, constructive and constant, and that it perdures in the present Contrasting this with the unreasonable and oft-times prejudiced attitude of so-called Protestant Councils, there is apparent an insurmountable obstacle in the way of a start. On the other hand, in our discussions with the Orthodox, we have the witness of history and we also have the sad fact of schism. In discussions of the faith with the Orthodox, we do not find ourselves so far apart, after the discussion of the supremacy of the Pope of Rome as the first Bishop of Christendom Would to God that the old days could come back to us, when the Bishops of the East recurred to him again and again as the first Bishop.

We pray ardently for reunion, we shall work for it through the Mass and the Sacraments, while we pray that all men of good will, will join in the forces to fight the great evil of our day, and to bring about peace and unity in Christ

I am enclosing herewith a few pamphlets which I think may be of interest to you One is an address given by His Excellency, the Most Reverend Amleto Giovanni Cicognani, Apostolic Delegate to the United States, in Chicago in 1941 Another publication is that of the Catholic Near East Welfare Association, and another by Father Andrew Rogosh, a priest of the Byzantine and Slavonic Rite Father Rogosh is an authority on this subject, and he is well known to me The Apostolic Delegate was for several years Secretary of the Congregation for Orientals.

With sincere best wishes, I am,

Faithfully yours in Christ,

J FRANCIS CARDINAL McINTYRE
Archbishop of Los Angeles

Second Letter of Bishop Athenagoras

To: His Eminence
J Francis Cardinal McIntyre
Roman Catholic Archbishop of Los Angeles, Calif

Your Eminence:

It was with great joy indeed that I received your esteemed letters, that of last June 20th and of July 9th I wish to thank Your Eminence for them and for the enclosed booklets which I read with sincere interest, though their contents were known to me from my previous studies and through other sources.

In the introduction of your second letter, Your Eminence states, very appropriately, that you share with us the sorrow in observing the occasion of the completion of nine centuries of the Schism and that the Orthodox Church in steadfastness continues to keep the Faith of the Apostles "amidst the greatest of difficulties "

Because of the fact that in Your second letter there are views expressed which need historical and theological clarification, I dare, in the following lines, to draw your attention upon the following facts I hope that through them Your Eminence will recognize more clearly some proofs of the steadfastness of the Orthodox Catholic Church to the Faith of the Apostles and the retaining of the sacred traditions of the undivided Church. It is also desired that you may view the Schism and the past failures to bridge this chasm from another historical viewpoint.

First, concerning the name of the Schism: in your letter, sharing the views of Roman Catholic historians, Your Eminence predicates the Schism as "the Schism of the East." Your Eminence knows we Orthodox refer to it as "the Schism of the West." The geographical localization from both sides does not change its basic character, neither does it lessen the extent of responsibility History has recorded its etiology in the failures of Christ's followers The act of excommunication issued by the Papal delegates, July 16, 1054, against the Patriarch of Constantinople was surely a failure, signaling the absence of Christian love St Peter, however, did not take such a step in the case of his disagreement with St Paul. Their disagreement is not an obscure Scriptural fact but is well known to us all. According to the New Testament St Peter stood "condemned" among the members of the Christian Community (Gal 2:11). St Paul reprimanded St. Peter for his hypocritical attitude as "not walking uprightly to the truth of the Gospel." In view of his refutation St. Peter did not dare to deny St Paul's Apostolicity nor cut him from the body of the Christian Community. But after eleven centuries of Christian experience, in martyrdom, in persecutions, in triumphs, Rome, exercising authority in the name of St. Peter, attempted to cut off from the Christian Community a Patriarch, because he had the courage to refute

[14]

Rome's arbitrariness in not keeping the traditions of the Holy Fathers, and in not walking uprightly in Faith.

On the basis of this uncontested historical testimony, the Christian East replied to the Christian West with a counter-act of excommunication, and until today considers its contention in calling the Schism "Western," completely justified. One may say, that the Schism mainly thrived upon the egotistical attitude, the struggle for preeminence, which was condemned by our Lord, that entered and dominated the hearts and minds of some responsible leaders of the Western Church. They, in complete disregard of Christ's admonitions for humility, tried to prove their superior position in the Church by presenting and interpreting Biblical testimony in a way unknown to Apostolic Tradition. (See the Pamphlet: "The Schism," by Archbishop Michael.)

For example, in the mind of the Apostles, no one was considered infallible or superior, save Jesus Christ. In the Apostolic Synod, the presiding officer was not St. Peter but St. James (See Acts, Chapter 15). St. Peter, by the order of the Apostles, went to Samaria to strengthen the members of the Christian Community there (Acts, 8:14). St. Paul without hesitation whatsoever says to St. Peter himself and followers:

"When I saw that they were not walking uprightly according to the truth of the Gospel I said to Cephas [Peter] before them all: If though a Jew, thou livest like the Gentiles, and not like the Jews, how is it that thou dost compel the Gentiles to live like the Jews?" (Gal. 2:14)

According to church history, St. Peter became the first Bishop of Antioch. Testimony to this fact comes to us from the East and the West. We learn of this from St. John Chrysostom, St. Jerome, Pope St. Gregory I, and many others. The prevalent historical position is that the great Apostles were not the founders of the Church of Rome, for when they visited Rome the Church there was already in existence. Although St. Paul ordained Linus as the first Bishop of Rome before his martyrdom, we cannot deny the fact that both the great Apostles exercised Episcopal duties in the great city. The very presence of an Apostle in a Christian Community bespeaks of a recognized position of spiritual authority. Thus, every city and all countries were to be within the Apostle's sphere of authority. Both the great Apostles when in Rome were Bishops. However, the fact that St. Paul was given the charge to enlighten the peoples of the gentile nations may unhesitatingly lead one to accept him as the ruling Bishop of the city of Rome. Pope St. Gregory I offers testimony to the fact that St. Peter glorified Rome, one of his three Sees, with martyrdom. In a letter to Bishop Eulogius of Alexandria he says:

"Your Holiness has spoken to me at large, in your letters of the See of St. Peter, prince of the Apostles, saying that he still resides here by his successors. Now, I acknowledge myself unworthy not only of the honour of the chiefs, but even to be counted in the number of the faithful. Yet I have willingly accepted all you have said, because your words regarding the See of St. Peter came from him who occupies that See of St. Peter. . . . But I greatly rejoice that you, who are very holy, only ascribe to me what you also give to yourself. . . . Therefore though there were many Apostles, the single See of the prince of the Apostles prevailed by his Princedom: which See now exists in three places; for it is he that made glorious that See where he condescended to rest (quiscere) and close his present life. It is he who strengthened the See which he occupied for seven years although finally compelled to leave it. Since then there is but one See of the same Apostle, and three Bishops now hold it by divine authority. All the good that I hear of you I also impute to myself "[1]

The same Pope writes to Anastasios, Bishop of Antioch:

"Behold now, Your Holiness is weighed down with many tribulations in your old age, but remember what was said of him whose seat you fill It is not of him that the Truth himself said: 'When thou shalt be old . . another shall gird thee and carry thee whither thou wouldst not ' . As we have in common the master, the Prince of the Apostles, we must neither of us exclusively claim the disciple (St. Ignatius) of this Prince of the Apostles."[2]

In reference to the word "Prince," it is indisputable that the Church had, and has understood the leadership of St. Peter among the Twelve, not over the Twelve. Among those who had made this observation was St. Augustine who points to the distinction of the leadership of St. Peter among the Twelve, *in discipulis non in discipulos*.[3] St. Cyprian was of the same opinion, for he states that St. Peter was invested with the same honor and authority as the rest of his colleagues. *Hoc erat utique et caeteri Apostoli quod suit Petrus pari consortio praediti et honoris et potestatis*[4] Similar to the position of St Peter among the Twelve is the position of the Bishop of Rome among the other Bishops The Church, defining this position, said that the Bishop of Rome is the first among his equal Bishops: *Primus inter pares*. This was not granted because of his being the successor of St. Peter, but for the political significance of the city of Rome (Διὰ τὸ βασιλεύειν τὴν πόλιν).[5]

If it were otherwise what city on earth would question the spiritual and religious significance of the Holy City of Jerusalem? For it was there that our Lord lived, taught, suffered, and was risen. It was there that the Holy Spirit descended on the Blessed Theotokos and Virgin Mary and the Apostles. There St. Peter first preached and wrought miracles and strengthened the first Christians with his confession. It was there that the Apostolic Synod took place. The blood of the first Christian Martyrs was shed on the soil of the Holy City, Jerusalem As we know, the Bishops of Jerusalem never proclaimed their position superior to those of their colleagues. Only after the decision of the Fourth Ecumenical Council did the Church in Jerusalem receive the title "Mother of

---

[1] Letters of St. Gregory, Book VIII, Ep 2
[2] Letters of St Gregory, Book V, Ep 39.
[3] Sermon 10. On Peter and Paul
[4] *De Unitate Ecclesiae,* Chap IV
[5] Canon 28, Fourth Ecumenical Council.

[16]

Churches" and her Bishop was named Patriarch, however, fifth in the line of Patriarchs Justly St. Avitus, Bishop of Vieme, wrote to the Patriarch of Jerusalem:

"Your apostolate exercises a primacy granted to it by God: and it is careful to show that it occupies a principal place *(principem locum)* in the Church not only by its privileges, but by its merits."[6]

The results show that neither demands for positions of primacy nor titles of honor proved useful in the life of the Church. The writings of Pope St Gregory I on the occasion of a title granted to Patriarch John the Faster of Constantinople by Emperor Maurice speak for themselves. The Emperor, following the practice initiated by his predecessors, decided to make it official in granting the title "Ecumenical" to the Patriarch of Constantinople This title, other than being honorary, had no added privileges in the administrational affairs of the Church. The position of the Patriarch of Constantinople remained the same as it was, prior to the new title, within the geographical limits fixed by order of the Ecumenical Council. Until today the Ecumenical Patriarch has no jurisdiction in the Ecclesiastical affairs of the other Patriarchates and autocephalous Churches, except that he enjoys the privilege of being the first Bishop among his equal brother Bishops The position of the Bishop of Rome was similar. The Patriarch of Rome had no jurisdiction over all Italy. Though recognized as the chief Bishop of the West, the first Bishop among all Bishops of the Catholic Church, his diocese remained within the limits of the Roman territory, Southern Italy and the three islands. Northern Italy was not included in his diocese. It was dependent on the Diocese of Milan St. Athanasius was cognizant of this fact when in his Letter to Solitius, he called Rome the Metropolis of the Roman territory and Milan the Metropolis of Italy.

If, then, Pope St Gregory I had reasons to complain for the usage of an honorary, empty title ("Far from us be the words that puff up vanity and wound charity") what would he say about his successors? They are invested with the heathen title of Pontifex Maximus, Bishop of Bishops, infallible interpreter of the Dogmas, *non ex consesu Ecclesiae*, but *ex officio*, as Bishop of Rome and successor to St. Peter, from whom emanates the Episcopal dignity and power [7] What would he say reading the chapter "De Romano Pontifice" in the *Theologia* by Cardinal Bellarmine: "In case that the pope made a mistake and recommended sin and forbade virtue, the Church has to accept sin as good and virtue as vice" *(Si autem Papa erraret, praecipiendo vitia vel prohibendo virtutes, tenemur Ecclesia credere vitia esse bona et virtutes mala)*[8] What would the Saint say upon reading what Cardinal Zabarella had written about the authority of the Pope, stating that in some extent his authority is larger than that of God, because the Pope, as God, can do whatever he desires, even forbidden actions which God cannot do . . "in that the Pope's authority

---

[6] *Works of St Avitus*, edit by Sirmond, Vol II
[7] See Boula. Pastor Aeternus in Denzinger Enchiridion
[8] *Theologia Bellarmino De Romano Pontifice*, Book 4, Chap 23.

is greater than God's " *(Deus et Papa faciunt unum consistorium* . *Papa potest quasi omnia quae facit Deus et Papa facit quidquid libet, etiam illicita, et est ergo plus quam Deus)*[9]

Undoubtedly the Saint would hide his face Here is what he wrote to Eulogius, Patriarch of Alexandria, who, writing to St Gregory, addressed him as Ecumenical Patriarch:

"Still I do not find that Your Holiness has perfectly remembered what I particularly wished to impress on your memory For I said that you should no more give the title to me than to others And lo! in the subscription of your letter you give to me, who have proscribed them, the vain glorious titles of Ecumenical and of Pope May your sweet Holiness do so no more in the future I beseech you For you take from yourself what you give in excess to another I do not ask to increase in dignities, but in virtues I do not esteem an honour, which causes my brethren to lose their own dignity "[10]

If St Cyprian were alive today, would he not be alarmed upon witnessing the supercractualization, that of the theory which he fought so vehemently, the theory that there is a Bishop of Bishops or that the authority of the Church is authentic when it is in harmony with the wishes of the Pope One may find such declarations in the Prolegomena of *Institutiones Canonicae* by Devoti (Chapter 2 et sect I,5)

"None of us," St Cyprian wrote, "places himself in the position of the Bishop of Bishops Each bishop enjoys the full liberty and total jurisdiction "[11]

The fact that by a synodical decision the Church of Africa refuted the Bishop of Rome, who at that time was not on good terms with the Bishop of Alexandria, and the fact that the Synod of Arelate issued a decision on the conflict between the Bishop of Rome and the Bishops of Africa in relation to the question of rebaptizing the heretics, offer historical proofs that no Bishop or Patriarch was considered a Bishop of Bishops [12]

It is possible to bring forth the testimonies of many Saints and Doctors concerning this subject, but neither Your Eminence has the time to examine them, nor am I myself free to arrange and call them to your attention in this letter

I should like, however, to entertain some thoughts about the attempts of the Popes to bring about reunion These efforts, Your Eminence considers as proof of the good intentions of the Popes to bridge the Schism. In your esteemed letter, the name of Pope Innocent III is mentioned, a Pope who severely condemned the Crusaders when they deceitfully captured Constantinople 750 years ago. However, one may study the motives of Pope Innocent, in the light of history, in letters that he had directed to the various leaders of the Crusade In a letter to Marquis of Monferrat, one of the chiefs of the Crusades, Pope Innocent writes:

---

[9] Cardinalius Zabarella, *De Schism, Innocent VII* See also, *My Return to Orthodoxy* by the Rev P Ballester Convalier Athens, 1954, pp 27-29
[10] Letters of St. Gregory, Book VII See also Abbe Guettee *The Papacy*, p 297.
[11] Consil Carthag, St Cyprian Benedictine edition, pp 327-330
[12] Codex Canon Ecclesiae Africanae No 101, Mansi *Summa Consiliorum Acta Consil Arelat* Can. VIII

[18]

"The Greeks, notwithstanding the bad treatment they suffer from those who wish to force them to return to the obedience of the Roman Church, cannot make up their minds to do so, because they see crimes and works of darkness in the Latins, and they hate them like dogs . . . But the judgments of God are impenetrable   It may be that the Greeks have been justly punished for their sins. . . Let us leave these doubtful questions   This is certain, that you may keep and defend the land which is conquered for you by the decision of God, upon this condition, however, that you will restore the possessions of the Churches and that you always remain faithufl to the Holy See and to us "

The same Pope obeying the Latin Emperor of Constantinople, Baldwin Count of Flanders, sent a circular letter to the Bishops of France asking them to send Latin clergymen and books to Byzantium to help the Latin movement to latinize Constantinople:

"Send to that country all the books you can spare, at least to have them copied, that the Church of the East may agree with that of the West in the praises of God "

This same Pope, although he previously rejected as anticanonical the election of Thomas Morozine as Patriarch of Constantinople, later, in order to exercise the prerogative of the office of the Bishop of Bishops, appointed Thomas as Patriarch   In a letter to him he wrote·

"In mixed bishoprics you will ordain Latins, and give them preference over the Greeks   If you cannot bring the Greeks to the Latin ritual, you must suffer them to keep their own until the Holy See otherwise orders "

According to historians, Pope Innocent was responsible for the deterioration of the relations between East and West. It was he who established Latin Patriarchs in Jerusalem and Constantinople and Bishoprics in provinces under the jurisdiction of the Eastern Church. His successors continued the same policy towards the East [13]   One may see the feelings of the West toward the East in the letter of Pope Urban IV to Louis IX, King of France   He tried to convince the French King to help the expelled Latin Emperor of Constantinople recapture his throne. This Pope endeavored to arouse Europe to help the Latin Emperor, who, as he put it in the aforementioned letter, was "Expelled by the schismatic Greeks to the shame of the West "

The motives, therefore, of the Popes in their endeavors to bridge the chasm separating East and West were not, as Your Eminence describes them, beyond reproach, pure and innocent as they should have been. For this reason they remained ineffective and negative.

Another proof of this sad fact is the example of Nicholas III in regard to the decisions of the Synod of Lyon (1274). This Synod was called at the insistence of Emperor Michael Palaeologos VII. He was hoping to receive military assistance from the western kings through the influence of Pope Gregory X. When the successor of Gregory, Pope Nicholas III, sent his delegates to the East to actualize the terms of the union, accord-

---

[13] Fleury, *Histoire Ecclesiastic* Liv LXXXIII, 32.

ing to the decisions of the Synod in Lyon, he gave them written instructions how to proceed. These instructions came to light in 1898, when the manuscript was published by J. Gay, *Les Registres de Nicholas III*.[14]

According to this publication, Pope Nicholas gave orders so that the Creed of Nicea-Constantinople, with the additional clause "Filioque" was to be sung by both the Greeks and Latins. As for the Liturgical Greek rites, the Pope ordered that only those rites be retained which seemed to the Apostolic See as not impairing the integrity of the Catholic Faith or the Sacred Canons *(Ipso in illis eorum ritibus de quibus sedi Apostolice visum fuerit, quod per eas catholicae fidei non ledatur integritas ne sacrorum satutis canonum derogetur.)* For the clergy, the Papal instructions seem more strict:

"The Patriarch and the rest of the clergy of every fortress, village, or any other place, all and each singly, recognize, accept and confess with a sworn oath the truth of the faith and primacy of the Roman Church . . without any condition or addition."

Only upon these conditions could the clergy obtain confirmation of their offices and rank from the papal delegates *Super confirmatione status sui . . petere curaverunt*

How was it possible for such terms to be accepted? The results and the events that follow the arrival of the papal legates in the East speak for themselves. The people and clergy were greatly disappointed and, naturally, the terms were rejected, for they were asking the abandonment of the sacred tradition of the Catholic Church and the subjugation to the Papal autocratic plans.

It is therefore evidently clear that the efforts for the union were destined to fail for the element of success — Christian love — was absent. On account of this absence St. Bernard of Clairvaux wrote to Pope Eugene III as follows:

"There is union as far as religious questions are concerned excepting perhaps unimportant questions, but we are separated in love."[15]

And today, though both sides recognize that many and great are the elements of common doctrine between East and West, we witness the absence of love. Love is absent from our hearts. It has been exiled by the unspeakable anti-Christian actions of the Crusaders; by the effort of the various western Ecclesiastics to latinize the Eastern worship, though as A. Rogosh wrote: "comparatively very few Supreme Pontiffs have lent themselves to 'Latinizations'."[16]

And what is happening today? And today love is not permitted to show itself. The phraseology of His Excellency, Amleto G. Cicognani, Papal Delegate to the United States, in the booklet that Your Eminence had sent to me does not show any love at all. His Excellency, in addressing the Eucharistic Congress of the Eastern Rites in Chicago, 1941, has

---

[14] *The Greek Orthodox Theological Review*, No. 1, pp. 19-24 "On the Schism of the Greek and Roman Churches" by Deno J. Geanakopoulos

[15] *Rome and the Eastern Church*, by A. Rogosh, p. 38, paragraph 83

[16] l c p. 46.

failed to show respect to the venerable antiquity of the Eastern Liturgical Rite It considers the "Epiklesis" a "dogmatic error" of "some dissidents of the East "[17] One really wonders if such expressions show love or serve the cause of union; one wonders if such words are proper to be addressed to Christians, who though Western, desire as much as they are permitted to keep intact the Liturgical Rite of their former Ecclesiastical life in which their fathers received the seal of salvation. Undoubtedly, the Papal Delegate to the United States overlooked some historical proofs concerning the topic of the "Epiklesis " For it is an element characteristic to all ancient Liturgies, from the Apostolic Tradition of St. Hippolytus, the Liturgy in the 8th Book of the Apostolic Constitutions, the Liturgy of St. Basil and St. John Chrysostom. The dominical words: "Take, eat, this is my Body . . . Drink ye all of this, this is my Blood ." have their own significant position and meaning in the Canon of the Liturgy For this reason their part in the Liturgy is known as the Anaphora (Reference). Historical reference has no power whatsoever to change the Eucharistic elements without the invocation, the "Epiklesis":

"And make this bread the precious Body of Thy Christ, and that which is in this Cup the Precious Blood of Thy Christ, changing them by Thy Holy Spirit "

If only the use of the "historical reference" were sufficient the ancient Fathers certainly would have known. Was there an error in the ancient Church in not considering the words of institution of the Sacrament as endowed with, so to say, magical power for the completion of the Sacrament? That is what seems to be believed by the Papal Delegate when he calls the "Epiklesis" a "dogmatic error " You see, your Eminence, what extremes we reach when we try, without love, to approach our differences? We even present ourselves disrespectful toward the Saints, for they are the authors of the Liturgy.

And today we repeat the same thing. The preachers of hatred and atheism show admirable cooperation while we, who profess to be the preachers of love and sacrifice, hide ourselves under anti-Christian formalities, and keep love outside of our hearts, for we do not even think to exchange letters of friendship and express our participation in each other's joy or sorrow East and West therefore are mostly separated by a lack of love

In reference to the need to initiate cooperation between East and West, Your Eminence points out the fact that the invitations extended to the leaders of the Eastern Church by Pope Pius IX, Leo XIII, and by the now reigning Pontiff, Pope Pius XII, have been rejected I should like to bring to your attention some facts which prove that the invitations of Pope Pius IX were not in consonance with the traditions of the Church of the first eight centuries Here are the facts:

On October 3rd, 1863, Patriarch Gregory VI granted an audience to the Monks who carried him the invitation of Pope Pius IX, asking to attend the Vatican Council The Patriarch observed that the content of the invitation was published before its delivery. He also reminded the

---

[17] *The Eastern Rites,* by His Excellency, A G Cicognani p 6

Papal emissaries that the call of an Ecumenical Council had never rested on the opinion and decision of a single Patriarch, but only after the exchange of views and the agreement of the other Patriarchs who were of equal honor and rank (ὁμοβάθμιοι, ἰσότιμοι). The Patriarch having in mind the record of the New Testament and the example of the Saints, such as St Cyprian, added the following remarks He emphasized the inability of the Orthodox Church to agree, in opposition to the Holy Spirit: (1) that the Apostles were not equal, (2) that there is a Bishop of Bishops, (3) that the prerogatives and privileges of any Patriarchal See are rested not on human (synodical decisions) but on divine law and authority, as it is the Western contention for the Bishop of Rome [18]

Similar views were expressed by Patriarch Anthimus when Pope Leo XIII invited the Eastern Church leaders to unity (July 20, 1874) [19] The Pope by the word "union" failed to mention the unity of the Faith as it was common to both East and West before the Schism The form and contents of invitation and of other papal documents, directives given by papal servants that all bishops should kneel in the presence of the Pope, the declarations that the Pope is the infallible Vicar of Christ on Earth to whom all bishops owe allegiance and submit to his orders — all these and others make the Pope unrecognizable in the eyes of the Eastern Patriarchs If, in the papal documents and invitations, the Spirit of Pope Gregory I were prevalent, that is, the spirit of brotherly equality, the Eastern Patriarchs would not reject them.

And today, in case that the leadership of the Church of Rome sincerely desires reunion, as it was before the Schism, His Holiness, Pope Pius XII, should invite the Patriarchs of the East as their first and equal brother, *Primus inter pares* He should discuss with them the conditions created to the detriment of the Church after 1054. Who would dare reject such a brotherly invitation rooted in love and showing respect for the venerable traditions of the first eight centuries? Who would say no to such an angelic message seeking to initiate friendly relations for better understanding between East and West? Who would turn his back when the voice of brotherhood seeks cooperation in love and mutual trust to achieve that beautiful dream, reunion, so strongly desired by both sides?

It is a fact that today the Uniate movement instigated by the Vatican is against such friendly relations and against the cultivation of love and brotherhood This movement, being a conscious or unconscious response of responsibility for the cause of the Schism, is a method used by the Roman Church to seek in herself the solution of the problem of the Schism, or as we say, is the Roman way to make the East submit to the West

In your esteemed letter, Your Eminence says· "Ever since 1862 there has been a special department for the Eastern Churches in Rome, called the Sacred Oriental Church This is the powerful agency of the Popes to work for reunion day after day." Being given that this "powerful

---
[18] John Karmiris, Δογματικὰ Βιβλία, vol II, p 927
[19] l c p 932

agency" endeavors to establish reunion between East and West on terms known from the Encyclicals of the Popes and other official documents, and not on the terms recorded in the history of the Church's life during the first eight centuries, this powerful agency will fail, for it attempts to overrule the practices of the Saints. The very existence and activities of this agency will stand as a cause for deterioration of relations between East and West, making the Christian people and the workers of the Church suspect each other.

In reference to the successful activities of the Uniate movement, partly enumerated by Your Eminence in your esteemed letter, I can say that the facts give a different report. Since 1936, without any effort on behalf of the Ecumenical Patriarchate, only in the United States of America, more than 75,000 Uniate Ukranians and Carpatho-Russians found the way back to their Mother Orthodox Church. Two Bishops have been assigned to them. They have been nominated by the people and elected by the Holy Synod of the Ecumenical Patriarchate. Bishop Orestes of Agathonikeia is in charge of the Carpatho-Russian congregations while Bishop Bohdan of Eucarpia for the Ukranian. The "every day reunions with Rome on the part of the Orthodox" in the Middle East mentioned by Your Eminence indicate no depth of faith but depth of fear. The political fear, on the one hand, and the material assistance, on the other, that the Roman Church is capable to offer to the unfortunate refugees, are the real factors of those so-called reunions. One, therefore, must not give full credence to such information and statistics of reunion.

I imagine that Your Eminence is cognizant of the fact that something similar to the Western Uniate Movement has made its appearance in the Orthodox Church. This is the Latin Rite Orthodox, corresponding to the Uniate Greek Rite within the Roman Catholic Church. In France and Belgium this movement, a product of the Studies of Patristic Theology, began to take great proportion. Recently I read in the paper of the Ecumenical Patriarchate *Apostolos Andreas* that the Latin Rite Orthodox people of France had submitted to the Ecumenical Patriarch Athenagoras I a report in regard to their activities and progress. The Basilian Fathers in New York and in other States are leaders of this movement in this country. They have their own Bishops and Priests united with the Orthodox Church. They perform the Holy Sacraments according to the Latin Rite professing the Faith of the Seven Ecumenical Councils. For more information I send Your Eminence the periodical and selected tracts of the Latin Rite Orthodox Basilian Fathers whose Monastery is located in Mount Vernon, N. Y., 72 Kingsbridge Road West.

In regard to this movement nothing official has been said by the Orthodox Church concerning hope and possibility that through it the Western Church might be influenced to return to that position she held before the Schism. For this reason we consider this movement rather a free effort initiated by Roman Catholic students of true Ecclesiastical History and Patristic Theology. In their desire to evaluate the doctrinal difference of the two Churches freely they were converted to Orthodoxy and rejected all dogmas added by the Western Church since her separation from the Eastern. The Orthodox does not seek to place this movement under submission or change its liturgical rite in order to recognize it or to offer it financial assistance. Simply, the Orthodox Church accepts the existence of this group of adherents to the Doctrines which were common to the East and West since the beginning, holding each other in the unity of the Faith.

There are those, however, who entertain the idea that the Orthodox Church leaders should declare these Latin Rite Orthodox Uniates with their lay and clergy members the Holy Western Church and their hierarchs as bishops *in Partibus infidelium,* to concentrate on the work for the return of the schismatic Roman Church back to the Catholic Faith in its purity. There are some who recommend the election of one from among the Latin Rite Orthodox Prelates to be considered as Patriarch and Pope of the Western Church, and thus the schism between the West and East might be ended. One really wonders what the reactions would be of those who understand and are capable of evaluating Ecclesiastical order and Tradition, were this method followed to put an end to the Schism.

Unfortunately, this method is pursued by the Roman Church through the Greek Rite Uniate Movement. This is the purpose of the "powerful agency" which, according to your esteemed letter, studies the affairs of the Oriental Church. This is also the purpose of the Papal recommendation as to the introduction in all Seminaries of courses on the Eastern Liturgical Rites and the organization of annual conferences, such as that at Fordham University at which Your Eminence presided many times.

Such efforts from both sides are not conducive to love, and instead of bringing the two parts together, enlarge the chasm of separation They hold apart the Christian people of the East and West to the detriment of the Church and the rejoicing of Satan and his servants.

It is indeed true, as Your Eminence has observed, that the Orthodox Church claims all doctrinal development completed and ended with the Seven Ecumenical Councils. The unequivocal acceptance of all definitions and decisions of these Councils is considered indispensable for the protection of the Faith and the salvation of souls. These are unshakable foundations of Orthodox Doctrines resting on both written and unwritten Christian Tradition. Because of these convictions we view all additions conceived in the West after the Schism as having no roots in Christian Tradition. We agree with others that these additions have not aided the growth of the Church Instead, they have caused further splits and schisms within the body of the Western Church. One might mention the example of the Old Catholics who cut themselves off from the Western Church owing to the decisions of the last Council of the Vatican. It is, therefore, our conviction that aside from the official Ecumenical Doctrines of the Undivided Church we are unable to see and accept any other authority to influence our discussions and to direct our work toward the reunion of East and West.

Certainly, in the expansion and formulation of these doctrinal decisions the Western Church took an active part by official delegations representing the Holy Patriarch of the West, and as Your Eminence observes, these delegates signed the decisions and definitions of the Orthodox Faith "first," in the name of the Pope. The important thing, however, is not who signed first or last; the important thing is the confirmation of the truth signed in the decisions. Among other things, through these decisions we learn the true meaning of the primacy of the Bishop of Rome, who is considered the first among all the Bishops of the Church, though equal in honor and rank with the others. However, the old concepts as compared with the new decisions regarding the Primacy of the Bishop of Rome put us at a loss for words. For the Pope has been placed above the authority of the Ecumenical Councils by being declared infallible, *non ex consensu Ecclesiae,* but due to his authority as the successor of St. Peter and Vicar of Christ on earth.

Reflecting on this point brings to my mind an historical event that took place in A.D 404 when the pseudosynod near the Oak condemned and dethroned St. John Chrysostom, Patriarch of Constantinople St. John and his associates directed letters to the Bishops of the Western Churches, to Innocent, Bishop of Rome, to Venerius, Bishop of Milan, to Chromatius, Bishop of Aquileia, seeking their help. Pope Innocent answered the letters of St. John saying that God would soon deliver him and his friends by means of an Ecumenical Council, which he said he was laboring to have assembled.

Now, if this Pope did not recognize in himself the right and the authority to decide such a simple case by using the sacred canons and common justice, one justly wonders how much he would deny himself the right to decide doctrinal questions Pope Innocent, speaking the innocent language of the Holy Traditions of the Church, did not show any sign of accepting the theory of infallibility with which his successors have been invested.

We still hold the very same concept that was so admirably interpreted by Pope Innocent. We stand, as he stood, on the very same basis, constantly claiming that only an Ecumenical Council has the authority to speak and interpret the dogmas of the Orthodox Faith infallibly It is, therefore, evident why we consider the doctrinal development of the Church as ended and resting on the authority of the Seven Ecumenical Councils. On account of this conviction, we cannot accept as infallible dogmas of the Church formulated in the West following the Schism, such as the infallibility of the Pope, the Immaculate Conception and the Bodily Assumption of the Blessed Virgin Mary. Only the authority of the Ecumenical Council can speak and define the Orthodox dogmas infallibly, when they are based on Divine Revelation and needed for the salvation of our souls

According to your esteemed letter, Your Eminence considers the dogmas of the Immaculate Conception of the Blessed Virgin Mary and her Bodily Assumption into heaven as being believed in the East and only denied when "the Pope undertook to define these doctrines." I sincerely believe that these doctrines were dictated by a superabundance of love, piety and devotion to our Lady However, the Orthodox Church, which expresses limitless piety, love and devotion to the Blessed Theotokos, has not found anything in the records of Christian Tradition with regard to the possibility of a human being's conception and birth free from sin as well as saved before the salvation that the Incarnate Son of God brought to our fallen nature We find only one immaculate conception in the sacred records of Christian Tradition, that of our Lord, God and Saviour, Jesus Christ, born of the all-holy Virgin Mary, not of the will of the flesh, nor of the will of man, but of God. The acceptance of every other "conception," dictated even by true piety and love, as I believe is true of the Bull "Ineffabilis Deus" of Pope Pius IX, leads to conclusions contrary to Christian Tradition and limits the general character of the Redemptive Mission of our Lord in the world.

Indeed, the holiness of the Blessed Virgin is supreme Her purity is unquestionable, as achieved in her nature by the Holy Spirit during the moment of the Annunciation. Her ever-virginity, the fact of her being the Mother of God, the multitude of her virtues, graces and spiritual powers, her motherly intercessions for our salvation, all these and many other qualities have inspired some of the Holy Fathers and Christian orators and poets to use words in praise of the Blessed Theotokos which one may take as conveying the meaning of the dogma concerning the Immaculate Conception However, rhetorical and poetic expressions, though signs of piety, *vestigia pietatis*, have no roots in Divine Revelation and cannot be taken as basic elements of Christian Doctrine, demanding as such acceptance by us for our salvation

This can be found in the Orthodox pronouncements upon the occasion of the new dogma of the Assumption of the Virgin Mary. In his encyclical "Munificentissimus Deus," His Holiness, Pope Pius XII has declared the new dogma to be unquestionably accepted by the members of the Western Church and has attempted to prove its authenticity with references to Patristic thought. His Holiness quotes from the Eastern theologians St. John Damascene, St Germanos, Patriarch of Constantinople, and the "Engomium on the Dormition of the Virgin Mary" attributed to St Modestus, Patriarch of Jerusalem [20] These quotations and all the others from the western theologians cannot be taken as authoritative They are personal expressions of devotion and do not bear the seal of Christian antiquity.

Many articles have been published by Orthodox theologians on the new dogma. I humbly think that the most clear and concise interpretation of the Orthodox views were given by His Eminence, Archbishop Michael of North and South America and by a lay Russian Orthodox theologian, Mr. Pierre Covalesky. Archbishop Michael, in an article published in the "Orthodox Observer" [21]said:

"The Church dogmatized about the All-holy Mother only when it was necessary for the salvation of our souls, that is when the Church spoke in regard to the Birth of the Saviour from the Virgin The Church said: 'She gave birth as a Virgin and remained a Virgin' (Παρθένος ἔτεκε καὶ Παρθένος ἔμεινε). She is Theotokos and not Christotokos As for the Assumption the Church believes that 'the third day after her entomb-

---

[20] *The Dogma of the Assumption.* Paulist Fathers Press, pp 12-14
[21] See *Orthodox Observer*, No 413.

ment, the Theotokos appeared and said to the Apostle rejoice ' And because of this they understood her as being bodily ascended "

The views of Professor Covalesky were published in the French paper *Le Monde*, Paris, October 19, 1950 I read a refutation on the views in the magazine *Unitas*[22] published in Rome by Unitas The article of *Unitas* fervently tries to prove these views untrue, not rooted in Christian Tradition — however without success It is really strange why its author considers as "development of modern times" the view according to which the dogma emanates from Divine Revelation and is expressed by the Ecumenical Council and its acceptance is required by the whole Church [23] Was not this the way that the Undivided Church, when forced by heresies, denials and doubts, used to define dogmas as the infallible interpreter and defender of Christian Orthodoxy? This historical view is meant in the Russian term *Sobornost* This view is as old as the Councils History is the witness of this truth However, history cannot testify for the antiquity of the view expounded in the article of *Unitas* and by Your Eminence in the third page of your esteemed letter: "Definition of the doctrine by the Pope is merely the seal of confirmation that a doctrine has always been believed in the practice of the Church " For us the Ecumenical Council holds this seal and it is used only when there is a universal agreement in defining a dogma proved to be grounded in Divine Revelation and considered as necessary for the salvation of our souls

For any one, either Roman Catholic or not, is free to ask "Does salvation necessarily depend on the acceptance of the new dogma?" The answer given already by the Roman Church is yes Our answer is different We consider ample benefit the spiritual uplifting that we acquire from the various feasts and services dedicated to the Blessed Mother We consider indispensable the guidance we find in her to approach Christ and her intercessions and prayers for us We do observe the feast of her Assumption However, we consider it unnecessary to define it as dogma. Is it necessary to declare as dogma the Assumption of St John the Divine? For he had ascended, also, according to Tradition and the Liturgical custom which we observe September 26th My humble opinion is that by such definitions we do not contribute to the growth of the Faith within us. The opposite is true. We limit the receptive potentialities of the people to accept the truth of the Christian Faith and be saved We widen the chasm of separation and deter the progress of the Kingdom of God.

The stand, however, that the Orthodox Catholic Church takes in these matters, being in conformity with the decisions of the Ecumenical Councils, does no harm to the progress of the Faith Instead of adding new obstacles to the old, the Orthodox Church considers the doctrinal development complete for the salvation of our souls In inviting the cooperation of other Christian groups, the Orthodox Church conrtibutes admirable efforts to achieve togetherness and be under One Shepherd, Jesus Christ our Lord, God and Saviour.

We do agree with Your Eminence that the Roman Church both in

---

[22] Vol II, p 225
[23] *Unitas*, Vol II, p 235

this country and all over the world has great contributions to show in social work. In the field of cooperation, however, with other Christian groups one does not see the dynamic participation shown by the Roman Catholic Church in other endeavors. In the struggle to expose the danger of Communism the Roman Church has contributed immensely Nevertheless, in the effort to create a common front with the other groups participating to check the advance of Communism and Libertinism, the Roman Church has not shown as yet any willingness to encourage the formation of such a dynamic common Christian front. What a powerful unit the Christian world would create against its enemy and against sin if the Roman Church were willing to take the initiative for its formation The influence of the Christian world would be proven beyond all expectations The door of Christian love and brotherhood would be opened to all who believe in Christ as their Lord, God and Saviour, and are ready to work for His glory.

For such a work the well-known doctrinal differences offer no obstacle The Orthodox Church, though deeply aware of these differences, considers the need of cooperation with all Christian groups as a binding duty, as a call from above, to work for the unity of all and the protection of our civilization. The dictum that we cannot have morality without dogma, as mentioned in your esteemed letter, is valid for us For we do not accept humanism and liberalism, nor any autonomy in ethics or the possibility of morality without religion. However, the dogmatical differences that hold the Christian world apart are no obstacle in the field of cooperation to practise Christian Ethics We cannot deny that among Protestants we find Christian morality living, emanating from the everliving source of the New Testament The Law of Love, the foundation of Christian Morality, did not change among them, though the dogmas and the methods of scriptural interpretation were changed. On account of this one might say that though in matters of Faith the Protestant world shows numerous omissions, nevertheless, in the sphere of Christian Morality, they offer to us, Eastern and Western Christians alike, an admirable example of sound application of the Commandments of the Lord

We cannot say that the Protestants are not Christians on the basis of the dictum that morality without dogma is impossible, and thus conclude that cooperation with them is to no avail. The fact that in some denominations we have the revival of some ancient heresies does not destroy the character of their Baptism. That was the contention of the ancient Church and mainly held by the Western The Popes Steven and Sixtus denied the contention of St Cyprian of Carthage and St Dionysios of Alexandria that rebaptizing of repentant heretics was unsound. Though there are some fluctuations on this question in the opinion of the Holy Fathers, the prevailing idea of the ancient Church was to accept repentant heretics not by Baptism but by Confirmation [24] This is what the Orthodox Church does to this day.

Having in mind this practice of the ancient Church, as well as the love and faith in Christ shown by the Protestants and their desire to know and

---

[24] Eusebius, *Church History,* Book 8, II, III

make known the Bible, the Orthodox Church does not deny the character of a Christian in the Protestants and does not hesitate to declare that there exists among them vestiges of the Church, *Vestigia Ecclesiae.*

After all, who are we, both Western and Eastern Christians, to deny to others the title of Christian and confirm the absence of Christian morality in their life? Here is what St Paul says:

"Who are you to pass judgment on the servant of another? It is before his own master that he stands or falls. And he will be upheld, for the master is able to make him stand Why do you despise your brother? All we shall stand before the judgement seat of Christ. . . . If a man who is uncircumcised keeps the precepts of the Law will not his uncircumcision be regarded as circumcission?"[25]

Therefore, by analogy, we cannot deny that there are elements of the Church outside her walls, *extra muros*, souls that confess Christ as their Lord, God and Saviour

Holding this position the Orthodox Church does not hesitate to associate herself with Roman Catholic and Protestant brothers and to study in the spirit of Christian love religious and social matters, on the basis and strength of the Faith of the first eight centuries as it has been kept within the Orthodox Church unaltered and immaculate. Certainly, we are cognizant of the difficulties and problems inherent to the Ecumenical movement For though the divided Christians use common Christian terms, they understand different meanings The experience we acquire by taking part in theological discussions of this kind has shown that there is no common theological language spoken by all consciously and clearly. Even Biblical terminology in Ecumenical gatherings is used ambiguously.

Nevertheless, it is better to witness our shortcomings in sorrow than remain apart from each other and do nothing to heal the wounds of the Body of Christ. Understanding that our place in the Ecumenical gatherings is to witness to the Orthodox Faith, we try to enlighten the others as to its contents and meaning. We try to help wavering theological thought to ground itself on the firm foundation of Patristic thought The comments that were heard in Evanston when His Eminence, Archbishop Michael read the report of the Orthodox Delegation on the theme, "Christ the Hope of the World," prove and confirm just what I am trying to state

The hope of the world was proven identical with the Kingdom of God, a fact of the future and, at the same time, a living experience of today, realized in the Church Those who are united with the Church by their faithful participation in the Holy Sacraments understand the meaning and beauty of this experience. At the end of the report the Anglican Bishop of Durham, the Rt. Rev. A. M. Ramsey, took the floor and with deep emotion emphasized his agreement with the "glorious report" of the Orthodox Delegation. A Roman Catholic journalist wrote an article published in the *Living Church*[27] that if Roman Catholic delegates or observers were present in Evanston, their views in such a theological atmos-

---

[25] Rom 14 4-10; 2 26
[27] *Living Church,* Sept 9, 1954

phere would have been very near the views of the Orthodox Delegation And he adds. "There is not the least doubt that Evanston was for a time one of the places where the Spirit breathed "

In the light of such sincere and optimistic views, expressed by a Roman Catholic, I am sure that Your Eminence will find, besides other things, the reason why the Orthodox Church is present at Ecumenical gatherings Because consciously knowing that she possesses the fulness of truth of the One, Holy, Catholic and Apostolic Church, which is without blemish or spot, the Orthodox Church deeply feels that by taking part in the Ecumenical Movement she offers help, as much as possible, to the Christian World and contributes to the effort to heal the sixth wound of the Body of Christ, the schism and separation

These facts I thought necessary to enumerate above in order to clarify some points contained in your esteemed letter, hoping that Your Eminence may re-evaluate the views of the Orthodox Catholic Church, which were the same yesterday, are today, and will be tomorrow

May the Paraclete, the Spirit of Truth, Who lives in the Church, guide the leaders of the Holy Western Church to extend hands of cooperation in love and sincerity to the leaders of the Holy Eastern Church and to others, so that the sixth wound that was opened in the most Holy and precious Body of the Saviour since 1054, and during the Reformation of the 16th century, might be treated properly and through our love from day to day be healed For it is through love that we will achieve the unity of Faith again: Through love we will bring on earth the full glory of the Kingdom of God, according to its prototype in heaven.

With sincere best wishes and brotherly regards,

I am faithfully yours in Christ,

† ATHENAGORAS
Bishop of Elaia

Los Angeles, California
The Feast of St Catherine
(Thanksgiving Day) 1954

P S   Enclosed you will find the following books and booklets which you may find useful:

1   Selected Basilian Tracts.
2   *Orthodoxy,* a magazine published by the Basilian Fathers
3   *The Greek Orthodox Faith,* by Archbishop Michael.
4.   *The Schism of the Roman Catholic Church from the Eastern Orthodox,* by Archbishop Michael.
5.   *The Papacy,* by Abbe Guettee.
6.   *Christian Orthodoxy and Roman Catholicism.*
7.   *L'Eglise du Christ d'apres St. Jean Chrysostome,* by Metropolitan Gennadius.
8   *Declaration of the Orthodox Delegates, Second World Council of Churches,* Evanston, Illinois, 1954.

Answer of Cardinal McIntyre

ONE HUNDRED FREMONT PLACE

Los Angeles 5, California

December 30, 1954

His Excellency
Most Reverend Athenagoras Kokkınakıs
Cathedral of St. Sophia
1404 South Normandie
Los Angeles, California

Your Excellency:

I wish to acknowledge with grateful appreciation the receipt of your letter "Thanksgiving Day, 1954", and the several enclosures enumerated therein

I shall be pleased to digest this detailed response to my letter of last summer, and I am certain that it will be interesting and stimulating.

We observe that you have been transferred to the East. I am hopeful that you will find your work there most pleasing, though I am certain that your constituency here in Los Angeles will lament your departure.

With sincere best wishes, and praying for you all blessings, I am,

Faithfully in Christ,

J. Francis Cardinal McIntyre
Archbishop of Los Angeles

BISHOP FULTON J. SHEEN, BISHOP ATHENAGORAS, FRANCIS CARDINAL MCINTYRE

Photograph taken in Los Angeles

ΣΥΓΧΡΟΝΟΣ ΕΠΑΦΗ

ΟΡΘΟΔΟΞΟΥ ΚΑΙ ΡΩΜΑΙΟΚΑΘΟΛΙΚΗΣ ΕΚΚΛΗΣΙΑΣ

Ἐπισκόπου ΑΘΗΝΑΓΟΡΑ ΚΟΚΚΙΝΑΚΗ

Καρδιναλίου ΦΡΑΓΚΙΣΚΟΥ ΜΑΚΙΝΤΑ·Ι·ΑΡ

Ἔκδοσις Ἱερατικοῦ Συνδέσμου
Ο «ΑΓΙΟΣ ΦΩΤΙΟΣ»
Τετάρτη Ἐπισκοπικὴ Περιφέρεια
τῆς Ἀρχιεπισκοπῆς Ἀμερικῆς

ΑΓΙΟΣ ΦΡΑΓΚΙΣΚΟΣ, ΚΑΛΙΦΟΡΝΙΑ

ΕΙΣΑΓΩΓΙΚΗ ΣΗΜΕΙΩΣΙΣ

Ὁ Καθηγητὴς τῆς Θεολογικῆς Σχολῆς τοῦ Πανεπιστημίου τῶν Ἀθηνῶν, κ. Ἰωάννης Καρμίρης δι' ἐπιστολῆς αὐτοῦ πρὸς τὸν Θεοφιλέστατον Ἐπίσκοπον Ἐλαίας κ. Ἀθηναγόραν ὑπέδειξε τὴν ἔκδοσιν τῆς ἀλληλογραφίας αὐτοῦ μετὰ τοῦ Σεβασμιωτάτου Καρδιναλίου Francis McIntyre, Ῥωμαιοκαθολικοῦ Ἀρχιεπισκόπου Λὸς Ἄντζελες, Καλιφορνίας, ἐπειδὴ ἡ ἀλληλογραφία αὕτη ἔχει ἱστορικὴν σημασίαν εἰς τὸ ζήτημα τῶν σχέσεων τῶν δύο κεχωρισμένων Ἐκκλησιῶν.

Ἔχοντες ὑπ' ὄψιν τὴν σπουδαιότητα τῶν ἐπιστολῶν τούτων καὶ τὸ γεγονὸς τῆς μεταφράσεως αὐτῶν εἰς πολλὰς γλώσσας καὶ τὰς κριτικὰς παρατηρήσεις, τὰς δημοσιευθείσας εἰς διάφορα Εὐρωπαϊκὰ καὶ Ἀμερικανικὰ Θεολογικὰ Περιοδικά, ἀπεφασίσαμεν, οἱ ἀποτελοῦντες τὸν Ἱερατικὸν Σύνδεσμον τῆς Δ'. Ἐπισκοπικῆς Περιφερείας τῆς Ἑλληνικῆς Ἀρχιεπισκοπῆς Ἀμερικῆς, ἐν ᾗ τὸ πρῶτον ἔδρασε πολυτρόπως ὁ Θεοφιλέστατος Ἐπίσκοπος Ἐλαίας κ. Ἀθηναγόρας καὶ ἐν ᾗ ἔγραψε τὰς ἐν λόγῳ ἐπιστολάς, ἵνα προσφέρωμεν αὐτὰς πρὸς τὸν λαὸν δι' εὐρυτέραν μελέτην εἰς ἰδιαίτερον τεῦχος, Ἑλληνιστὶ καὶ Ἀγγλιστί.

Εἴμεθα βέβαιοι ὅτι οἱ ἀναγνῶσται τοῦ τεύχους τούτου θὰ ὠφεληθοῦν διότι εἰς τὰς ἐν αὐτῷ ἐπιστολὰς ἀναπτύσσονται θέματα δηλωτικὰ τῶν ἀπόψεων τῶν δύο κεχωρισμένων Ἐκκλησιῶν.

Κατόπιν τόσων αἰώνων σιγῆς μεταξὺ τῶν δύο Ἐκκλησιῶν ἡ ἀλληλογραφία τὴν ὁποίαν ἤνοιξαν δύο Ἱεράρχαι, εἷς Ὀρθόδοξος καὶ εἷς Ῥωμαιοκαθολικός, ἐπὶ τῇ συμπληρώσει ἐννέα αἰώνων ἀπὸ τοῦ σχίσματος, ἀποτελεῖ τῷ ὄντι ἀπαρχὴν πρὸς βηματισμὸν ἀμφοτέρων τῶν διισταμένων Ἐκκλησιῶν μὲ κατεύθυνσιν τὴν Κοινωνίαν ἀγάπης, συνομιλίας, χαιρετισμοῦ καὶ προθύμου Χριστιανικῆς ἀλληλοκατανοήσεως καὶ παρηγορίας. Τοῦτο ἄλλως τε ἐμφαίνεται ὅτι ἦτο τὸ πνεῦμα ὑφ' οὗ ὁ Θεοφιλέστατος Ἐπίσκοπος Ἀθηναγόρας ἔγραψε πρῶτος ἐπιστολὴν πρὸς τὸν Καρδινάλιον McIntyre. Εὐχόμεθα ἵνα τὸ πνεῦμα τοῦτο καλλιεργούμενον φέρῃ καρποὺς πρὸς δόξαν Χριστοῦ καὶ πρὸς παγίωσιν τῆς εἰρήνης διὰ τῆς Ἐκκλησίας ἐν τῷ κόσμῳ.

Πρεσβ. ΑΝΤΩΝΙΟΣ ΚΩΣΤΟΤΡΟΣ, Σακελλάριος
Πρόεδρος τοῦ Ἱεροῦ Συνδέσμου «Ὁ Ἅγιος Φώτιος»
καὶ οἱ σὺν ἐμοί.

Ἅγιος Φραγκῖσκος 1956

ΤΟ ΣΧΙΣΜΑ ΤΗΣ ΕΚΚΛΗΣΙΑΣ ΤΟΥ ΧΡΙΣΤΟΥ ΚΑΙ ΤΟ ΔΡΑΜΑ ΤΗΣ ΚΡΙΣΙΜΟΥ ΕΠΟΧΗΣ ΜΑΣ

Ἐπιστολὴ τοῦ Θεοφιλ. Ἐπισκόπου Ἐλαίας κ. κ. Ἀθηναγόρα ἐπὶ συμπληρώσει τῆς ἐνάτης ἑκατονταετηρίδος τοῦ Σχίσματος πρὸς τὸν Σεβασμ. Φράνσης Καρδινάλιον Μακιντάιαρ, Ρωμαιοκαθολικὸν Ἀρχιεπίσκοπον Λὸς Ἄγγελες, Καλιφορνίας.

Σεβασμιώτατε,

Ἐφέτος ἐννέα πληροῦνται αἰῶνες, 1054-1954, ἀφ' οὗ ἡ ῥῆξις εἰσῆλθε καὶ ἐτάραξε τὴν ζωὴν τῆς Ἁγίας Ἐκκλησίας ἡμῶν χωρίσασα τὰ δύο Αὐτῆς Τμήματα τὰ ἀποτελοῦντα τὸ σύνολον τῆς Μιᾶς, Ἁγίας Καθολικῆς καὶ Ἀποστολικῆς Ἐκκλησίας τοῦ Χριστοῦ, Τὸ Ἀνατολικὸν λέγω καὶ τὸ Δυτικόν, ἅτινα τῷ συνδέσμῳ τῆς Πίστεως καὶ τῆς ἀγάπης πρὸ τοῦ 1054 ὑπάρχοντα ἡνωμένα ἠγωνίσθησαν ἐπιτυχῶς κατὰ τῶν αἱρετικῶν ἐχθρῶν τοῦ Χριστοῦ, ἀντιμετώπισαν διωγμούς, ἔδωκαν τῷ Θεῷ καὶ τῷ κόσμῳ Ἁγίους, Μάρτυρας, μεγάλους Διδασκάλους, Ὁμολογητάς, ζηλωτὰς καὶ ἐργάτας διακριθέντας ἐν τῷ γυμνασίῳ τῆς Χριστιανικῆς δραστηριότητος. Ἀπὸ τοῦ Σχίσματος ὅμως καὶ ἐντεῦθεν ἡ πρὸς τὴν πνευματικὴν πρόοδον πορεία τῶν ἀπομακρυνθέντων ἀπ' ἀλλήλων δύο τούτων Τμημάτων πολλαχῶς ἀνεστάλη καὶ δὴ ἐκ τοῦ δημιουργηθέντος ἀνταγωνισμοῦ καὶ τῶν ἀντεγκλήσεων, σκοπουμένης τῆς ὑποχωρήσεως καὶ ὑποταγῆς τοῦ ἑνὸς εἰς τοῦ ἄλλου τὰς ἐπιδιώξεις καὶ τὰ σχέδια.

Πρό τινος ἐν τῷ ἐπισήμῳ ὀργάνῳ τοῦ Οἰκουμενικοῦ Πατριαρχείου Κωνσταντινουπόλεως «Ἀπόστολος Ἀνδρέας», ἐν τῇ ὑπ' ἀριθμὸν 135 ἐκδόσει, κατεχωρήθη ἄρθρον ἀναφερόμενον εἰς τὴν ἐπέτειον ταύτην τοῦ Σχίσματος. Εὔκαιρον ἡγοῦμαῖ ἵνα φέρω εἰς γνῶσιν ὑμῶν τὸ περιεχόμενον τοῦ ἄρθρου τούτου διὸ καὶ ἐν ἀγάπῃ πολλῇ ἀπευθύνω ὑμῖν, ὡς ἐν τῇ αὐτῇ πόλει βιοῦντι, τὴν ἐπιστολὴν ταύτην, ἐλπίζων ὅτι θέλετε προσευχηθῇ ὡς κἀγὼ πρὸς τὸν Κύριον, τὸν Ποιμένα τῆς Ἐκκλησίας, ἵνα ἡ Δύσις καὶ ἡ Ἀνατολὴ κατανοήσουν ἀλλήλας καὶ ἡνωμέναι τῇ πίστει καὶ τῇ ἀγάπῃ ἀποτελέσουν τὴν πάλαι «Μίαν Ποίμνην» τοῦ Καλοῦ Ποιμένος.

Ἐν τῷ μνημονευθέντι ἄρθρῳ τὸ Σχίσμα χαρακτηρίζεται «θλιβερὸν» διότι θλιβερὰ ἐπηκολούθησαν γεγονότα διά τε τὸ Ἀνατολικὸν καὶ τὸ Δυτικὸν Τμῆμα τῆς Ὀρθοδόξου Ἐκκλησίας. «Πένθιμον» καλεῖ τὴν ἐπέτειον τοῦ Σχίσματος διότι ἡ διαίρεσις τοῦ Σώματος τῆς Καθολικῆς Ἐκκλησίας ἀπὸ τότε μέχρι τοῦ νῦν παρεμποδίζει τὴν Χριστιανικὴν Πίστιν νὰ καταγάγῃ τὴν νίκην περὶ ἧς ὁ Κύριος ἡμῶν προφητεύων ὡμίλησε, «Ἐγὼ νενίκηκα τὸν κόσμον» (Ἰωάν. 16, 33) καὶ «Αὕτη ἐστὶν ἡ νίκη ἡ νικήσασα τὸν κόσμον, ἡ πίστις ἡμῶν» (Α΄. Ἰωάν. 5, 4).

Ὁ ἀρθρογράφος ἀναλογιζόμενος τῶν συμφορῶν τὸ μέγεθος ὅπερ ἐπλαισίωσε τὴν ζωὴν τῆς Ἐκκλησίας ἀπὸ τοῦ 1054, τονίζει ὅτι ἡ Χριστιανικὴ ψυχὴ εὑρίσκει παρηγορίαν εἰς τὸ γεγονὸς ὅτι τὸν προσεχῆ Αὔγουστον εἰς τὸ Ἔβανστον, Ἰλλινόις, ὁ Χριστιανικὸς Κόσμος θὰ συγκεντρωθῇ ἵνα μελετήσῃ τὸ θέμα: «Ὁ Ἰησοῦς Χριστὸς ἡ μοναδικὴ ἐλπὶς τοῦ κόσμου» Ὁ ἀρθρογράφος ἐκφράζει τὴν βεβαιότητα ὅτι αἱ κατὰ τόπους Ὀρθόδοξοι Ἐκκλησίαι θὰ ἀντιπροσωπευθοῦν, ἴσως δὲ καὶ αἱ Ἐκκλησίαι αἱ ζῶσαι ζωὴν σιωπῆς καὶ μαρτυρίου ὄπισθεν τοῦ σιδηροῦ κλοιοῦ. Παρατηρεῖ ὅμως δυστυχῶς ὅτι ἡ Ἐκκλησία τῆς Ρώμης θὰ ἀπουσιάζῃ καὶ ἴσως μόνον διὰ παρατηρητῶν θὰ παρακολουθήσῃ τὰς συζητήσεις καὶ ἀποφάσεις.

Κατὰ τὰς κρίσεις τῆς ἐφημερίδος «Μὸντ» τῶν Παρισίων ἡ 900ὴ ἐπέτειος τοῦ Σχίσματος θὰ παράσχῃ εὐκαιρίαν πρὸς ὡριμωτέρας σκέψεις σχετικῶς πρὸς τὴν ἱστορίαν καὶ τὰς συνεπείας τῆς διαιρέσεως τῶν Χριστιανῶν. Βενεδικτῖνοι καὶ Δομινικανοὶ Μοναχοὶ καὶ δὴ τὸ κέντρον «Ἴστινα» σκέπτονται σοβαρῶς τὸ ζήτημα τῆς συνεργασίας μετὰ τῶν Ὀρθοδόξων Θεολόγων. Ὁ πατὴρ Λὲ Γκιγιοῦ εἰς τὸ περιοδικὸν «Πνευματικὴ Ζωὴ» τονίζει ὅτι ἡ μονομερὴς ἐξέλιξις τὴν ὁποίαν εἶχεν ἡ Δυτικὴ Ἐκκλησία ἄνευ τῆς ἐπιδράσεως τῆς Ἀνατολικῆς ὑπῆρξε μία τῶν ἀφορμῶν αἵτινες ἐδημιούργησαν τὴν Μεταρρύθμισιν καὶ τὸν Προτεσταντισμόν.

Ὁ ἀρθρογράφος ἐν τέλει τῆς μελέτης αὐτοῦ τονίζει ὅτι «Ἡ Ἐκκλησία τῆς Ρώμης πρέπει νὰ ἔχῃ πεισθῇ ὅτι δι᾽ ὧν μετέρχεται μέσων εἶναι ἀδύνατον νὰ ἐπιτύχῃ τὴν ὑποταγὴν ἢ τὴν ἕνωσιν τῶν Ἐκκλησιῶν. Τὸ καλλίτερον θὰ ἦτο νὰ ἡγηθῇ μιᾶς συμφιλιώσεως καὶ συνεργασίας ἐπὶ τοῦ ἠθικοῦ καὶ κοινωνικοῦ πεδίου δράσεως τῶν Ἐκκλησιῶν. Τοῦτο θὰ ἦτο τὸ πρῶτον βῆμα πρὸς τὴν ὁδὸν ἥτις θὰ ὁδηγήσῃ κάποτε τὸν Χριστιανικὸν Κόσμον πρὸς τὴν «Μίαν Ἐκκλησίαν», τὴν «Μίαν Ποίμνην» ὑπὸ ἕνα ποιμένα, οὐχὶ βεβαίως ἄνθρωπον, ἀλλ᾽ ἀσφαλῶς τὸν Θεάνθρωπον Χριστόν».

Κατὰ τὴν διάρκειαν τῶν ἐννέα αἰώνων τοῦ Σχίσματος τόσον ἡ Ρωμαϊκὴ ὅσον καὶ ἡ Ὀρθόδοξος ἐδοκιμάσθησαν παντοιοτρόπως. Ἐν πρώτοις ἐστερήθη ἑκατέρα τῆς παρηγορίας τῆς ἄλλης καὶ τῆς ἀμοιβαίας ἐνισχύσεως εἰς τὸν ἀγῶνα κατὰ τῆς ἁμαρτίας καὶ εἰς τὴν προσπάθειαν τῆς παρουσιάσεως κατὰ τρόπον ἐπιβάλλοντα τῶν πλουσίων ἀποτελεσμάτων τῆς συνεχιζομένης ἐπὶ τῆς γῆς σωτηριώδους ζωῆς τοῦ Χριστοῦ Ἡ ἀποκτηθεῖσα ἐμπειρία ἐκ τῶν ἐννέα αἰώνων τοῦ χωρισμοῦ ἀποδεικνύουν ὅτι:

1. Ἡ Δυτικὴ δὲν ἠδυνήθη νὰ πείσῃ τὴν Ἀνατολικὴν Ἐκκλησίαν ἐπὶ τῶν ἰδιαζόντων Αὐτῇ δογματικῶν ἰδεῶν καὶ ἐθίμων τῶν ἐπιπροσθέτων, μήτε ἡ Ἀνατολικὴ τὴν Δυτικὴν νὰ μεταβάλῃ ἢ νὰ ἀλλοιώσῃ ἢ νὰ διαγράψῃ τὰ ἐπιπρόσθετα ταῦτα κεφάλαια τῆς Δογματικῆς Αὐτῆς διδασκαλίας

2 Ὁ Προσηλυτισμὸς ἀπὸ μέρους τῆς μιᾶς πρὸς τὴν ἄλλην δὲν ἀπέδωκε τοὺς καρποὺς τοὺς ἀναμενομένους καὶ τὴν δύναμιν μήτε εἰς τὴν Ἀνατολικὴν μήτε εἰς τὴν Δυτικὴν Ἐκκλησίαν. Τοὐναντίον ἐβάθυνε τὸ χάσμα τοῦ Σχίσματος ἐπὶ πλέον.

3 Τὸ Οὐνιτικὸν λεγόμενον κίνημα ἀποδεικνύει ὅτι οὐδὲν τὸ οὐσιῶδες ἀπέδωκε ἐπ᾽ ὠφελείᾳ τῆς Δυτικῆς Ἐκκλησίας. Διότι οἱ Οὐνῖται ἀποδεικνύονται εὐμετάβλητοι εἰς τὰς θρησκευτικάς των πεποιθήσεις καὶ ἢ μὲν ὁμαδικῶς ἐπιστρέφουν εἰς τὴν πρώτην αὐτῶν Ἐκκλησιαστικὴν παράδοσιν ἢ βυθίζονται εἰς τὸ σκότος τῆς Θρησκευτικῆς ἀδιαφορίας γενόμενοι εὐκόλως τῆς Κομμουνιστικῆς πλεκτάνης λεία καὶ θύματα καὶ ὄργανα. Οἱ ἐναπομένοντες ὑπολογίζουν τὰ ὑλικὰ μᾶλλον ὠφέλη ἢ τὴν ἀλήθειαν τῆς νέας Θρησκευτικῆς των κοινωνίας

4. Τοῦ Προτεσταντικοῦ κόσμου ἡ ἀνάπτυξις καὶ ἡ διηνεκῶς αὐξάνουσα προσπάθεια πρὸς ἕνωσιν καὶ συνεργασίαν τῶν δυνάμεων Αὐτοῦ πανταχοῦ καὶ δὴ ἐν ταῖς Ἡνωμέναις Πολιτείαις τῆς Ἀμερικῆς, ἀποδεικνύει τὰς μεθόδους τοῦ Προσηλυτισμοῦ ἀνικάνους νὰ φέρουν Αὐτὸν ἐντὸς τῆς μάνδρας τῆς Ρωμαικῆς Ἐκκλησίας ἀφ' ἧς ἐξῆλθε μετὰ τὸ Σχίσμα

5 Αἱ δυνάμεις τοῦ Χριστοῦ διηρημέναι καὶ ἐν πολλοῖς ἀλληλουποβλεπόμεναι δὲν δύνανται νὰ ἀποτελέσουν μέτωπον ἑνιαῖον καὶ ἰσχυρὸν ἔναντι τοῦ κοινοῦ ἐχθροῦ Ὁ Σταυρὸς κρατούμενος ὑπὸ χειρῶν αἵτινες δὲν ἅπτονται ἀλλήλων ἐν ἀγάπῃ καὶ εἰρήνῃ δὲν ἐπιβάλλεται. Τὸ Εὐαγγέλιον κηρυττόμενον ὑπὸ ἀντιμαχομένων ὁμάδων ζητουσῶν προσηλύτους ἀπ' ἀλλήλων δὲν συγκινεῖ τὰς καρδίας μήτε μεταβάλλει τὴν ζωήν. Καὶ πάντα ταῦτα ἐνῷ ὁ ἐχθρὸς καραδοκεῖ καὶ τῆς ἁμαρτίας τὰ κύματα ὀγκοῦνται, ἐνῷ ἡ ἀθεία καὶ ὁ Κουμμουνισμὸς καταρρυπαίνουν τὴν ζωὴν μὲ τὴν πνευματικὴν καὶ ἠθικὴν διαστροφὴν καὶ ἀπειλοῦν τὴν ὑπόστασιν τῆς Χριστιανικῆς Θρησκείας καὶ προσελκύουν μικροὺς καὶ μεγάλους

Οἱ ἀρχηγοὶ τῶν ἐλευθέρων Ἐθνῶν, οἱ σοβαροὶ τῆς Πολιτικῆς ἐκπρόσωποι καὶ ἐν Ἀμερικῇ καὶ ἀλλαχοῦ δικαίως ἐρωτοῦν: Τί κάνουν αἱ Χριστιανικαὶ Ἐκκλησίαι εἰς τὸν ἀγῶνα κατὰ τοῦ ἐχθροῦ τῆς ἐλευθερίας καὶ τῆς Θρησκείας, Αἱ μεμονωμέναι καὶ χωρισταὶ προσπάθειαι τῶν Χριστιανικῶν Ὁμάδων δὲν δύνανται νὰ ἐξασκήσουν οὐσιώδη καὶ σοβαρὰν ἐπήρειαν ἐπὶ τῶν διεθνῶν ζητημάτων. Ἡ συμβολὴ αὐτῶν οὐδὲν προσθέτει ἐξισουμένη τῇ ἀπραξίᾳ τοῦ Χριστιανικοῦ Κόσμου ὡς μονάδος Ποῖος θὰ ἐδέχετο ὅτι ἡ ἀπραξία αὕτη δὲν ἐξυπηρετεῖ τοὺς σκοποὺς τοῦ ἐχθροῦ, οἱ πράκτορες τοῦ ὁποίου ἐλευθέρως δρῶντες προσελκύουν ὑποστηρικτὰς τῆς ἀρνήσεως καὶ τοῦ μηδενισμοῦ καὶ ἐκ τῶν τάξεων ἀκόμη τῶν ἑρμηνευτῶν τοῦ Εὐαγγελίου τοῦ Χριστοῦ; Δικαιότατα ὅθεν οἱ ἐκ τοῦ ἐλευθέρου Κόσμου ἀγωνιζόμενοι κατὰ τοῦ Κουμμουνισμοῦ δύνανται νὰ ἐφαρμόσουν ἐπὶ τῶν διῃρημένων Χριστιανῶν τοὺς λόγους τοῦ Χριστοῦ, «Λέγουσι καὶ οὐ ποιοῦσι» (Ματθ. 23, 4).

Τί λέγει ἡ Ρώμη, ἡ Κωνσταντινούπολις, ἡ Κανταβρυγία, τὸ Παγκόσμιον Συμβούλιον τῶν Προτεσταντῶν; Λέγουσι καὶ ἐκδίδουσι ὡραῖα καὶ ἀληθῆ διαγγέλματα. Τὰ ἀποτελέσματα ὅμως παραμένουν εἰς τὸ πλαίσιον τῆς θεωρίας. Διότι αἱ κεχωρισμέναι ἐνέργειαι δὲν εἶναι δυνατὸν νὰ ἀντικαταστήσουν τὴν δύναμιν τῆς ἐπιδράσεως ἣν ὁ Χριστιανικὸς Κόσμος θὰ ἐξήσκει ἐργαζόμενος ἐπὶ προγράμματος παγκοίνως ἐκπονηθέντος.

Ἡ παγκόσμιος ἠθικὴ καὶ κοινωνικὴ κρίσις προκαλεῖ τὴν Ἐκκλησίαν τὴν ἀναγνωριζομένην ὡς τὴν μόνην δύναμιν πρὸς κατόρθωσιν τῆς ἠθικῆς ἀνασυγκροτήσεως τῆς συνειδήσεως τῶν Λαῶν. Εἰς τὴν πρόκλησιν ταύτην ἡ Ἐκκλησία πρέπει νὰ ἀνταποκριθῇ μετὰ δυνάμεως καὶ ζήλου ἀποστολικοῦ. Παραμερίζουσα τοὺς φραγμοὺς τῶν ἱστορικῶν ἐμποδίων δέον νὰ κατέλθῃ πάνοπλος εἰς βοήθειαν τοῦ κλονιζομένου Χριστιανικοῦ Πολιτισμοῦ. Καὶ τὰ ὅπλα τῆς δυνάμεως τῆς Ἐκκλησίας δὲν εὑρίσκονται εἰς τὴν μεμονωμένην σωρείαν τῶν ὑλικῶν μέσων, τῶν ἱδρυμάτων καὶ τῶν ὀργανισμῶν, ἀλλ' εἰς τὴν ἔμπρακτον ἐφαρμογὴν τῆς ἀγάπης, τὴν ὁποίαν ὁ Κύριος ἔθηκε χαρακτηριστικὸν γνώρισμα τῶν ὀπαδῶν Του. «Ἐντολὴν καινὴν δίδωμι ὑμῖν ἵνα ἀγαπᾶτε ἀλλήλους . . . ἐν τούτῳ γνώσονται πάντες ὅτι ἐμοὶ μαθηταὶ ἐστὲ ἐὰν ἀγάπην ἔχητε ἐν ἀλλήλοις . . .» (Ἰωάν. 13, 34-35).

Ὁ κόσμος σήμερον προκαλεῖ τὴν Ἐκκλησίαν νὰ ἀποδείξῃ τὴν ἐμπράγματον δυνατότητα τῆς ἐντολῆς αὐτῆς ἐφαρμοζομένην ἐν τῇ ζωῇ Αὐτῆς. Πῶς δυνάμεθα νὰ εἴπωμεν ὅτι ἡ ἐντολὴ αὕτη ἡ χαρακτηριστικὴ τῆς Χριστιανικῆς Κοινωνίας ἐπηρεάζει τὴν ζωὴν καὶ τὸ ἔργον τῆς Ἐκκλησίας ἅπαξ καὶ ὁ ἀνταγωνισμὸς καὶ ἡ ἀπραξία πρὸς γεφύρωσιν τοῦ χάσματος τοῦ Σχίσματος εἶναι τοσοῦτον ἔκδηλος;

Ἡ δύναμις τῆς Χριστιανικῆς ἀγάπης τιθεμένη ἐν ἐνεργείᾳ ἐν ταῖς προσπαθείαις τῶν Χριστιανῶν πρὸς ἀμοιβαίαν κατανόησιν καὶ συνεργασίαν ὑπὲρ τῆς ἀνθρωπότητος θὰ ἀποδείξῃ τὴν μεγαλειώδη καὶ θαυματουργικὴν αὐτῆς ποιότητα καὶ πάλιν ὡς τὸ πάλαι ἐν τῇ περιπτώσει τῆς Μάρθας καὶ τῆς Μαρίας τῶν ἐναρέτων ἀδελφῶν τοῦ Ἁγίου Λαζάρου Καὶ αἱ δύο ἔτρεφον ἐν ἑαυταῖς πλουσίαν ἀγάπην πρὸς τὸν Κύριον. Ἡ στάσις των ὅμως πρὸ τοῦ Χριστοῦ ὁμιλοῦντος περὶ τῆς ἀναστάσεως τοῦ ἀδελφοῦ των δὲν ἐδείκνυε πλοῦτον ζωντανῆς πίστεως. Ἡ μία ἔμεινε ἐν τῷ οἴκῳ καὶ ἐκαθέζετο. Ἡ ἄλλη ἔτρεξε πρὸς τὸν ἐρχόμενον Ἰησοῦν διὰ νὰ εἴπῃ ὅτι ἐὰν ἦτο παρὼν δὲν θὰ ἀπέθνησκεν ὁ ἀδελφός της καὶ διὰ νὰ ἀπαντήσῃ πρὸς τὸν ὁμιλοῦντα Ἰησοῦν περὶ τῆς ἀμέσου ἀναστάσεως τοῦ Λαζάρου ὅτι ὁ ἀδελφός της θὰ ἀναστηθῇ «ἐν τῇ ἐσχάτῃ ἡμέρᾳ». Παρὰ ταῦτα ὅμως καὶ αἱ δύο ἀδελφαὶ ἀκολουθοῦν τὸν Ἰησοῦν μεταβαίνοντα εἰς τὸν τάφον. Ἡ ἀγάπη καὶ ὄχι ἡ πίστις των πρὸς τὸν Ἰησοῦν τὰς ὁδηγεῖ. Ἡ Μάρθα ἀσυγκράτητος ἐκ τῆς θλίψεως ἀφήνει νὰ ἐκδηλωθῇ ἡ ὀλιγότης τῆς πίστεως πρὸς τὴν δύναμιν τοῦ Ἰησοῦ λέγουσα, «Κύριε, ἤδη ὄζει, τεταρταῖος γὰρ ἐστί» (Ἰωάν. 11, 39). Τὸ ἀποτέλεσμα ὅμως εἶναι ὅτι ἀνέστη ὁ ἀδελφὸς αὐτῆς.

Εἰς τὴν περίπτωσιν αὐτὴν ἡ ἀγάπη καὶ οὐχὶ ἡ πίστις ἐθαυματούργησεν. Ἡ σαλευθεῖσα πίστις ἀδυνατήσασα καὶ πιεσθεῖσα ὑπὸ τοῦ πένθους δὲν ἦτο ἱκανὴ νὰ ὑπηρετήσῃ Ἡ ἀγάπη τοῦ Κυρίου συνήντησε τὴν ἀγάπην τῶν τεθλιμμένων ἀδελφῶν καὶ τὸ θαῦμα διηνεργήθη Ἡ παρουσία τῆς ἀγάπης ἦτο ἀρκετὴ διὰ τὸν Κύριον διὰ νὰ καλέσῃ τὸν νεκρὸν εἰς τὴν ζωὴν καὶ νὰ ἀναβιώσῃ καὶ ἐνδυναμώσῃ τὴν σαλευθεῖσαν πίστιν.

Διατὶ εἰς τὴν καλλιέργειαν τῆς ἀγάπης καὶ συνεργασίας τῶν Ἐκκλησιῶν δὲν θὰ κατορθωθῇ τὸ ἴδιον; Διατὶ ἡ καλλιεργουμένη καὶ πρακτικῶς ἐκδηλουμένη ἀγάπη δὲν θὰ ἀναστήσῃ ἐν ἡμῖν πίστιν δυνατήν, πραγματοποιοῦσαν οὕτως τὴν προσευχὴν τοῦ Κυρίου «ἵνα πάντες ἓν ὦσι» (Ἰωάν 17, 11 καὶ 21); Ἡ ἀγάπη θὰ αὐξήσῃ τὴν πίστιν ἡμῶν τὴν σαλευθεῖσαν καὶ καλυφθεῖσαν ὑπὸ τοῦ Σχίσματος καὶ τῶν ἀνταγωνισμῶν. Ἡ συνεργασία κατὰ τῆς ἁμαρτίας καὶ τοῦ κοινοῦ ἐχθροῦ τῆς Ἐκκλησίας θὰ συντελέσῃ ὥστε αἱ ψυχαὶ ἡμῶν νὰ ἀναδώσουν θερμοτέρας προσευχὰς πρὸς τὸν Κύριον «ὑπὲρ τῆς τῶν πάντων ἑνώσεως». Αἱ συσκέψεις ἡμῶν καὶ αἱ ἀπὸ κοινοῦ μελέται τῶν συγχρόνων προβλημάτων θὰ χειραγωγήσουν ἡμᾶς εἰς τὴν ὁδὸν ἥτις θὰ καταλήξῃ εἰς τὴν θύραν τῆς ἑνώσεως διὰ νὰ ἐφαρμοσθῇ ὁ λόγος τοῦ Κυρίου, «Καὶ γενήσεται μία ποίμνη, εἰς ποιμήν» (Ἰωάν. 10, 16).

Ἡ Ὀρθόδοξος Καθολικὴ Ἐκκλησία ἔχουσα ὑπ' ὄψιν τοὺς συγχρόνους κινδύνους καὶ τὴν πρόκλησιν τὴν ἐκ τῶν σημείων τῶν καιρῶν ἐκπεμπομένην πρὸς τοὺς Χριστιανοὺς παρεμέρισε τὰ ἐμπόδια καὶ μετὰ τὸν πρῶτον παγκόσμιον πόλεμον εἰσηγήθη τὴν σύμπηξιν τῆς Κοινωνίας τῶν Ἐκκλησιῶν. Σήμερον δὲ μετὰ τῶν Προτεσταντικῶν Ὁμάδων συμμετέχει εἰς συνέδρια καὶ συσκέψεις πρὸς ἐξυπηρέτησιν τῆς εἰρήνης καὶ ἐξασφάλισιν τῆς συνεργασίας τῶν Χριστιανῶν ἐν τῇ ἀμύνῃ πρὸς περιφρούρησιν τῆς Χριστιανικῆς ζωῆς τῆς ἀπειλουμένης ὑπὸ τοῦ Κομμουνισμοῦ, θεωροῦσα μεῖζον τὸ ἀγαθὸν τῆς συνεργασίας ταύτης ἢ τὸ τῆς κεχωρισμένης ἐνεργείας, τὸ ἴσον τῇ ἀπραξίᾳ.

Ἀλλ' οὕτω ποιοῦσα δὲν συμμετέχει εἰς Δογματικὰς ἀποφάσεις, κατανοοῦσα ὅτι εἰς ταύτας ἔθηκε τὴν σφραγῖδα τοῦ ἀλαθήτου καὶ τῆς πληρώσεως ἡ ἀδιαίρετος Ἐκκλησία διὰ τῶν ἀποφάσεων τῶν ἑπτὰ Οἰκουμενικῶν Συνόδων.

Εἶναι πέραν τῆς δυνατότητος ἵνα λάβῃ θέσιν ἀνάλογον ἡ Ρωμαϊκὴ Ἐκκλησία; Παραμερίζουσα τὰ ἱστορικὰ ἐμπόδια τὰ ὑπὸ τῶν περιστάσεων ἀθροισθέντα καὶ λογιζομένη τὸ ἀγαθὸν τῆς κοινῆς προσπαθείας ἐν τῷ συνδέσμῳ τῆς ἀγάπης μεῖζον παντὸς ἀποτελέσματος μονομεροῦς ἐπιδιώξεως, ἡ Ρωμαϊκὴ Ἐκκλησία θὰ ἔδει ἵνα καλέσῃ πάντας τοὺς Χριστιανοὺς εἰς κοινὴν σύσκεψιν ἀγάπης καὶ ἀδελφοσύνης μὲ σκοπόν:

α. Τὴν μελέτην μεθόδων καὶ τρόπων ἐν κοινῷ προγράμματι πρὸς καταπολέμησιν τῆς ἁμαρτίας καὶ προστασίαν τῆς εἰρήνης καὶ τῶν Χριστιανικῶν ἀξιῶν.

β. Τὴν συσπείρωσιν καὶ ὀργάνωσιν τῶν Χριστιανικῶν δυνάμεων πρὸς ὑπεράσπισιν τῆς ἀνθρωπότητος κατὰ τῆς ἀπειλῆς τοῦ Κουμμουνισμοῦ, τοῦ ἐχθροῦ τῆς Θρησκείας καὶ τῆς ἐλευθερίας.

γ. Τὴν δημιουργίαν κύκλων μελέτης Θεολογικῶν θεμάτων κατὰ τὸ πρότυπον τῶν ἐν Γαλλίᾳ μεταξὺ τῶν Ρωμαιοκαθολικῶν καὶ τῶν Ὀρθοδόξων Θεολόγων, πρό τινος ἀρξαμένων. Ἐν Ἀμερικῇ οἱ κύκλοι οὗτοι πολλὰ δύνανται νὰ προσφέρουν εἰς ἀλληλοκατανόησιν καὶ συνεργασίαν.

Ἐλπίζω, Σεβασμιώτατε, «ἡ δὲ ἐλπὶς οὐ καταισχύνει», ὅτι θέλετε καταβάλῃ πᾶσαν προσπάθειαν καὶ θὰ ἐξασκήσετε τὴν ἐκ τῆς θέσεως ὑμῶν ἀπορρέουσαν ἐπίδρασιν ὥστε ἡ ἡγεσία τῆς Ρωμαϊκῆς Ἐκκλησίας μελετῶσα τὴν πρότασιν ταύτην θελήσῃ νὰ λάβῃ τὴν πρωτοβουλίαν ἣν ὑποδεικνύει ἡ ἐφημερὶς «Ἀπόστολος Ἀνδρέας» τοῦ Οἰκουμενικοῦ Πατριαρχείου Κωνσταντινουπόλεως πρὸς ἐπίτευξιν κοινωνίας διὰ τὴν συνεννόησιν καὶ συνεργασίαν τῶν Χριστιανῶν ἐν ἀγάπῃ, ἵνα οὕτως περιφρουρηθῇ ἡ Χριστιανικὴ ἡμῶν κληρονομία ἡ ἀπειλουμένη ὑπὸ τῶν ὠργανωμένων δυνάμεων τοῦ σκότους, τοῦ ἀθέου Κουμμουνισμοῦ.

Ἐπὶ δὲ τούτοις καλῶν ὑμᾶς ὅπως ἐπισκεφθῆτε τὸν περατωθέντα ἤδη Καθεδρικὸν ἡμῶν Ναὸν τῆς Ἁγίας τοῦ Θεοῦ Σοφίας καὶ ζητῶν τὰς προσευχὰς ὑμῶν διατελῶ,

Ὑμέτερος ἐν Χριστῷ ἀδελφός,

ΑΘΗΝΑΓΟΡΑΣ, Ἐπίσκοπος Ἐλαίας

Ἐν τῷ Καθεδρικῷ Ναῷ τῆς Ἁγίας τοῦ Θεοῦ Σοφίας
Λὸς Ἄγγελες, Καλιφορνίας
Ἰουνίου 16, 1954

Ἀπαντητικὴ τοῦ Καρδιναλίου Φρ. Μακιντάϊαρ

(Μετάφρασις ἐκ τοῦ Ἀγγλικοῦ)

ARCHDIOCESE OF LOS ANGELES

1531 West Ninth Street

Los Angeles 15, California

Ἰουνίου 24, 1954

Τῷ Θεοφιλεστάτῳ Ἐπισκόπῳ Ἐλαίας κ. κ Ἀθηναγόρᾳ Κοκκινάκη
Καθεδρικὸς Ναὸς τῆς Ἁγίας Σοφίας
Λὸς Ἄγγελες, Καλιφορνίας.

Θεοφιλέστατε,

Εἶμαι λίαν εὐγνώμων τῇ Ὑμετέρᾳ Θεοφιλίᾳ διὰ τὴν καλωσύνην τῆς ἐπιστολῆς Αὐτῆς ἀπὸ Ἰουνίου 16 ὡς καὶ διὰ τὸ συνοδεῦον αὐτὴν βιβλίον, τὸ ὁποῖον εἶναι λίαν ἐνδιαφέρον καὶ τὸ ὁποῖον περιέχει αὐτόγραφον ἀφιέρωσιν Αὐτῆς

Τὸ θέμα τὸ ὁποῖον ἡ Ὑμετέρα Θεοφιλία προτείνει εἶναι μεγάλης ἐκτάσεως καὶ ταυτοχρόνως μεγάλης σπουδαιότητος ἰδίως ἐν τῇ ἐπιδιώξει τῆς εἰρήνης

Λίαν εὐχαρίστως θὰ ἀναθέσω τὴν ἐπιστολὴν ὑμῶν εἰς Ἐπιτροπὴν ἡμετέρων Θεολόγων, εἰδικῶν εἰς τὰς ἐπικρατούσας ἀπόψεις ἐπὶ τοῦ θέματος, καὶ θὰ ζητήσω ἵνα μελετήσουν τὰ νοήματα τῆς ἐπιστολῆς ὑμῶν

Θὰ εἶμαι λίαν εὐτυχὴς ἐπισκεπτόμενος ἐν μιᾷ τῶν ἡμερῶν τούτων τὴν Ἁγίαν Σοφίαν. Ἤκουσα πολλὰ ἐπὶ τῶν συνεχιζομένων προσθηκῶν τὰς ὁποίας ἐκάματε.

Μετ' αἰσθημάτων ἐκτιμήσεως διατελῶ ὑμέτερος ἐν Χριστῷ,

ΦΡΑΝΣΗΣ ΜΑΚΙΝΤΑΙΑΡ, Ἀρχιεπίσκοπος Λὸς Ἄγγελες

Ἐπιπρόσθετος Ἀπάντησις τοῦ Καρδιναλίου

ARCHDIOCESE OF LOS ANGELES

1531 West Ninth Street

Los Angeles 15, California

Ἰουλίου 9, 1954

Πρὸς τὴν Αὐτοῦ Ἐξοχότητα
Τὸν Ἐπίσκοπον Ἀθηναγόραν Κοκκινάκην
Καθεδρικὸς Ναὸς τῆς Ἁγίας Σοφίας
1404 S Normandie
Los Angeles, California

Ἐξοχώτατε,

Πρὸς ἐπιπρόσθετον ἀπάντησιν τῆς περιπύστου ἐπιστολῆς ὑμῶν ἀπὸ Ἰουνίου 16ης ἀπευθύνω τὴν παροῦσαν. Κατόπιν περισκέψεως ἐπιχειρῶ νὰ διατυπώσω τὰς ἀκολούθους παρατηρήσεις.

Συμμετέχομεν ἐν τῇ μεγίστῃ λύπῃ μετὰ τῶν Ὀρθοδόξων ἀδελφῶν ἐπὶ τῇ εὐκαιρίᾳ τῆς ἐννεακοσιοστῆς ἐπετείου τοῦ Σχίσματος τῆς Ἀνατολῆς Χαιρετῶμεν ἐν τοῖς Ὀρθοδόξοις ἀδελφοῖς τὴν ἐμμονὴν εἰς τὴν Ἀποστολικὴν Πίστιν, ἣν ἐξεδήλωσαν ἐν μέσῳ μεγίστων δυσκολιῶν. Ἡμεῖς οἱ Καθολικοὶ ἐν τῇ πίστει ταύτῃ διισχυριζόμεθα πάντοτε ὅτι εὕρητε ἡ ἐλπὶς τῆς πλήρους ἑνώσεως. Γνωρίζομεν ὅτι τὰ σώματα ἐκείνων τῶν Χριστιανῶν τὰ ὁποῖα ἀπεμακρύνθησαν ἀπὸ τὴν ἀληθῆ μυστηριακὴν ζωήν, ἀπὸ τὴν θύουσαν ἱερωσύνην, ἀποτελοῦν ἐμπόδιον πρὸς τὴν ἕνωσιν, ὅπερ εἶναι λίαν ὑπολογίσιμον. Ἀγαλλόμεθα ἐν τῇ διαβεβαιώσει τῆς προσευχῆς τοῦ Κυρίου ἡμῶν κατὰ τὸν Μυστικὸν Δεῖπνον, «ἵνα πάντες ἓν ὦσι» Ἐν τῇ ἐλπίδι ταύτῃ τοῦ Χριστοῦ βασίζεται ἡ αἰωνία πίστις ἡμῶν Ἐν τῷ πνεύματι τούτῳ ἀπευθυνόμεθα πρὸς τοὺς Ὀρθοδόξους ἀδελφούς, γνωρίζοντες ὅτι θὰ ἀναγνωρίσουν τὸν κοινὸν δεσμόν, τὸν σταθεροποιηθέντα ἐν τῷ ἔτει τούτῳ τῆς Κυρίας ἡμῶν πρὸς τὴν ὁποίαν ἔχουν ἴσην ἀφοσίωσιν, ὡς ὁ Πάπας Πίος ὁ ΙΒ΄. λίαν ἐκδήλως ἐξέθηκεν ἐν τῇ θαυμασίᾳ ἐγκυκλίῳ αὐτοῦ ἐπιστολῇ Fulgens Corona τῆς ἀπὸ Σεπτεμβρίου 8, 1953.

Ἐὰν ἀναθεωρήσωμεν τὴν ἱστορίαν τῶν σχέσεων μεταξὺ τῶν Παπῶν, τῶν Ἐπισκόπων τῆς Ῥώμης, καὶ τῆς Ἀνατολῆς ἀκούομεν ἐνηχοῦντα τὰ αἰσθήματα τοῦ Πάπα Βενεδίκτου τοῦ ΙΔ΄., τὸν δέκατον ὄγδοον αἰῶνα, ὅταν ἔλεγεν, «Ἐὰν βλάβη τις γίνῃ εἰς τοὺς ῥυθμοὺς τῆς Ἀνατολῆς, αὕτη δὲν εἶναι δυνατὸν νὰ ἀποδίδεται εἰς τὴν Ἁγίαν Ἕδραν» Ἐνθυμούμεθα ἐπίσης τὸν αὐστηρὸν ἔλεγχον ἐκτοξευθέντα κατὰ τῶν Βενετῶν ὑπὸ τοῦ Πάπα Βενεδίκτου τοῦ Γ΄., τῷ 1204, μετὰ τὴν δόλιον κατάληψιν τῆς Κωνσταντινουπόλεως. Δὲν συμφωνοῦμεν, ὡς καὶ οἱ Πάπαι δὲν συνεφώνησαν, μὲ τὰς προσπαθείας ἀπὸ μέρους τῆς Δύσεως πρὸς αὔξησιν τῆς Δύσεως εἰς βάρος τῆς Ἀνατολῆς.

Ἀφ᾽ ἑτέρου ἐγένοντο πολλαὶ προσπάθειαι ἀπὸ μέρους τῶν Παπῶν πρὸς ἕνωσιν, ἀλλ᾽ αἱ ἀξιοθρήνητοι ἀντιδράσεις εἰς τὴν Ἀνατολὴν ἐγένοντο πηγὴ μεγάλης θλίψεως διὰ κάθε Καθολικόν. Ὑπῆρξε στιγμὴ τὸ 1869 ὅταν ὁ Πά-

[42]

πας Πῖος ὁ Θ´ προσεκάλεσε τοὺς Πατριάρχας τῆς Ἀνατολῆς νὰ ἔλθουν εἰς τὴν Σύνοδον τοῦ Βατικανοῦ διὰ νὰ ἐξετάσουν τὰ ζητήματα τῆς διαφορᾶς. Ἡ πρόσκλησίς του ἀπερρίφθη ὡς καὶ πολλαὶ ἄλλαι προσκλήσεις τῶν Παπῶν, ἀπὸ Λέοντος τοῦ ΙΓ´, ὅστις ἀπέθανε τῷ 1903, μέχρι τοῦ νῦν Ἀνωτάτου Ποντίφικος, ἔσχον πᾶσαι τὸ ἴδιον ἀποτέλεσμα. Δὲν εἶναι λοιπὸν δυνατὸν νὰ λέγεται ὅτι ἡ Ρώμη δὲν κατέβαλε προσπαθείας διὰ νὰ συναθροίσῃ ἐπὶ τὸ αὐτὸ τὸν Χριστιανικὸν κόσμον πάσης ἀποχρώσεως

Γνωρίζοντες τὴν μεγάλην πρόοδον τῆς ἑνώσεως ἀπὸ τοῦ 1550 ὅταν οἱ Νεστοριανοὶ ἐπέστρεψαν εἰς ἕνωσιν μὲ τὴν Ρώμην κατὰ μεγάλους ἀριθμούς, δὲν συμφωνοῦμεν ὅτι οἱ οὕτως καλούμενοι «Οὐνῖται» δύνανται νὰ περιγραφοῦν ὡς «ἀμαθεῖς καὶ εὐμετάβλητοι εἰς τὰς θρησκευτικάς των πεποιθήσεις». Συνέβη ὥστε οἱ μέγιστοι μάρτυρες τῆς Ἐκκλησίας ἡμῶν, τογενῦν, νὰ εἶναι μάρτυρες τῶν Ἀνατολικῶν Καθολικῶν Ἐκκλησιῶν, τῶν πέραν τοῦ Σιδηροῦ Παραπετάσματος. Ἐν τῇ χώρᾳ ταύτῃ ἀτενίζομεν τὴν πρόοδον μεταξὺ τῶν Ἀνατολικῶν Καθολικῶν, βλέποντες μεγάλα Σλαβικὰ σώματα μὲ τοὺς Ἐπισκόπους των, τοὺς ἱερεῖς των, τὰ σεμινάρια καὶ τὰ σχολεῖα των Εἰς τὰς μεσοανατολικὰς πολιτείας παρακολουθοῦμεν ὅτι κάθε ἡμέραν λαμβάνουν χώραν ἐπανενώσεις ἀπὸ μέρους τῶν Ὀρθοδόξων μετὰ τῆς Ρώμης. Ἐὰν οἰκονομικὰ κέρδη θεωροῦνται αἰτία τούτου, τότε ἔχομεν σαφῆ μαρτυρίαν ὅτι τοῦτο εἶναι ἀναληθές, ἅπαξ καὶ πολλοὶ ἐξ αὐτῶν ἔχασαν τὰς περιουσίας των καὶ τὰς θέσεις των ἕνεκα τῆς ἑνώσεώς των μετὰ τῆς Ρώμης

Κατὰ ταῦτα, καθ᾽ ὁλοκληρίαν διαφωνοῦμεν μὲ τὴν θέσιν τοῦ ἀρθρογράφου τοῦ «Ἀποστόλου Ἀνδρέου» εἰς τὸ ὅτι «Ἡ Ἐκκλησία τῆς Ρώμης θὰ ἔπρεπε νὰ εἶναι πεπεισμένη ὅτι μὲ τὰς μεθόδους καὶ τὰ μέσα ποὺ χρησιμοποιεῖ εἶναι ἀδύνατον νὰ ἐπιτύχῃ νὰ ἑνώσῃ ἢ νὰ φέρῃ τὰς Ἐκκλησίας ὑπὸ τὴν ἐπίδρασιν καὶ δικαιοδοσίαν της» Ἀρχίζοντες μὲ ἐπικεφαλῆς τὸν Πάπα τὸν ἴδιον προσευχόμεθα καθημερινῶς ὑπὲρ τῆς τῶν πάντων ἑνώσεως ἐν Χριστῷ. Ἔχομεν εἰδικὴν σειρὰν προσευχῶν τὸν Ἰανουάριον διὰ τὸν ἅγιον τοῦτον σκοπόν. Κατὰ τὴν διάρκειαν τῶν Ἑορτῶν τῶν Θεοφανείων ἐν Ρώμῃ τελοῦνται ἡμερησίως διὰ τὸν ἴδιον ἅγιον σκοπὸν αἱ διάφοροι Ἀνατολικαὶ Λειτουργίαι Γνωρίζομεν ὅτι σχίσματα τὰ ὁποῖα διατηροῦνται ἐπὶ ἐννεακόσια ἔτη δὲν θεραπεύονται εἰς ἐννεακοσίας ἡμέρας. Ἀλλὰ καὶ πάλιν γνωρίζομεν ὅτι ἡ προσευχὴ τοῦ Χριστοῦ, ἡ προσφερομένη κατὰ τὴν θείαν λατρείαν τῆς Θείας Λειτουργίας ἐν τέλει θὰ πραγματοποιηθῇ Πρέπει ἐπίσης νὰ γνωρίζετε ὅτι τὸ 1862 ἱδρύθη εἰδικὸς κλάδος ὑπηρεσίας ἐν Ρώμῃ, καλούμενος «Ἱερὰ Ἀνατολικὴ Ἐκκλησία». Εἶναι οὗτος τὸ ἰσχυρὸν πρακτορεῖον τῶν Παπῶν πρὸς ἐργασίαν τῆς ἑνώσεως ἀπὸ ἡμέρας εἰς ἡμέραν Διὰ τὴν δημοσίευσιν τῶν Ἀνατολικῶν βιβλίων, διὰ τὴν προετοιμασίαν τῶν ἱερέων, καὶ τὴν διατήρησιν πολλῶν φιλανθρωπικῶν ἔργων, ὁ ὀργανισμὸς οὗτος βασίζεται ἐπὶ τοῦ Καθολικοῦ κόσμου. Καὶ εἶναι τοῦτο ἀπόδειξις ἀντικειμενικὴ ὅτι ἡ Ἐκκλησία τῆς Ρώμης νοσταλγεῖ μετὰ τοῦ Κυρίου αὐτῆς τὴν εὐτυχῆ ἐκείνην ἡμέραν τῆς ἐν Χριστῷ ἑνώσεως

Δυνάμεθα νὰ ἀποδείξωμεν ὅτι ὁ συνεχὴς διισχυρισμὸς τῆς Ἀνατολῆς ὅτι κάθε Δογματικὴ ἀνάπτυξις ἔληξε μὲ τὴν τελευταίαν τῶν ἑπτὰ Οἰκουμενικῶν Συνόδων, καίτοι ἡμεῖς δὲν δεχόμεθα τοῦτο, ὅμως τοῦτο δύναται νὰ θεωρηθῇ σημεῖον σχετικὸν μὲ τὴν ἕνωσιν, ἅπαξ εἰς τὰς ἑπτὰ Οἰκουμενικὰς Συνόδους καθωρίσθησαν ὅλα ὅσα ἡμεῖς παραδεχόμεθα. Εἰς τὰς συνόδους ταύτας οἱ ἀντιπρόσωποι τοῦ Ἐπισκόπου τῆς Ρώμης ἦσαν παρόντες καὶ ὑπέγραψαν πρῶτοι. Ἐν τοῖς ἐσχάτοις τούτοις χρόνοις ὅταν οἱ Πάπαι καθώρισαν ὡς διδασκαλίας πάντοτε πιστευμένας ὑπὸ τῶν Χριστιανῶν τὴν Ἄσπιλον Σύλληψιν τῆς

Κυρίας ἡμῶν καὶ τὴν εἰς τοὺς οὐρανοὺς ἀνάληψιν Αὐτῆς, ἐξεδηλώθη ἄρνησις ἀπὸ μέρους τῆς Ἀνατολῆς, ἥτις πάντοτε ἐπίστευεν αὐτὰς μέχρις ὅτου ὁ Πάπας τῆς Ρώμης ἀνέλαβε νὰ καθορίσῃ αὐτὰς τὰς διδασκαλίας. Δι' ἡμᾶς καθορισμὸς τῆς διδασκαλίας ὑπὸ τοῦ Πάπα εἶναι κυρίως σφραγὶς βεβαιώσεως ὅτι μία διδασκαλία ἐπιστεύετο πάντοτε ἐν τῇ πράξει τῆς Ἐκκλησίας.

Ἡ Ὀρθόδοξος Ἐκκλησία ἀπέχει ἀπὸ τὰς Προτεσταντικὰς ὁμάδας, ὡς εἶπον, διότι διατηρεῖ περιεχόμενόν τι τῆς διδασκαλίας καὶ τῆς Μυστηριακῆς ζωῆς, ὅπερ αἱ Προτεσταντικαὶ ὁμάδες ἀπέρριψαν. Ὁ Πάπας Πῖος ὁ ΙΑ΄. ἐν τῇ Ἐπιστολῇ αὐτοῦ περὶ Χριστιανικῆς ἑνώσεως ὑπέδειξε τὸν δρόμον τῆς ἑνώσεως, ὑποτυπώσας ἐπίσης ὅτι ἡ Ἐκκλησία τοῦ Θεοῦ οὐδέποτε δύναται νὰ ἔλθῃ εἰς Δογματικὰς συζητήσεις μετὰ τῶν ὁμάδων τούτων, αἱ ὁποῖαι ἀπεμακρύνθησαν τόσον ἀπὸ τὸ περιεχόμενον τῆς πίστεως. Ἐπὶ πλέον ἡ ἐξοχότης σας θὰ ἀναγνωρίσῃ ὅτι ἐν τῇ ζωῇ ἡμῶν εἰς κάθε πόλιν τῆς Ἀμερικῆς παρουσιάζομεν σταθερὰ δείγματα πράξεων συνεργασίας εἰς ζητήματα κοινωνικὰ καὶ οἰκονομικὰ μετὰ τῶν Προτεσταντῶν καὶ Ὀρθοδόξων ἀδελφῶν μας. Ἡ Περίθαλψις ἡμῶν καὶ αἱ διάφοροι κοινωνικαὶ ἐπιδόσεις μας ἀποδεικνύουν ὅτι προσπαθοῦμεν νὰ ζῶμεν ὡς γείτονες καὶ φίλοι, καὶ τοῦτο ποιοῦντες, οὐδεμίαν ὑποχώρησιν ἐννοοῦμεν ὡς πρὸς τὸ περιεχόμενον τῆς διδασκαλίας καὶ τῶν ἠθικῶν συμπερασμάτων τῶν ἀπὸ τῆς πίστεως ἡμῶν   Προσπαθοῦμεν πάντοτε νὰ ζῶμεν ἐν ἁρμονίᾳ καὶ εἰρήνῃ

Δὲν προσεπάθησα νὰ ἀπαντήσω σημεῖον πρὸς σημεῖον εἰς τὴν ἐπιστολὴν τῆς Ὑμετέρας Ἐξοχότητος, ἅπαξ τοῦτο θὰ ἦτο ὄχι μόνον μακρὸν ἐγχείρημα, ἀλλὰ θὰ ἦτο καὶ ξένον πρὸς τὸ πνεῦμα μετὰ τοῦ ὁποίου ἀπαντῶ πρὸς τὰς ἐπιχαρίτους σκέψεις σας   Ἐπιθυμῶ κυρίως νὰ ἀναφέρω τώρα τὰς ὑποδείξεις τὰς ὁποίας παρέχετε ἐν τῇ τελευταίᾳ σελίδι τῆς ἐπιστολῆς ὑμῶν ὡς πρὸς τὴν Παγκόσμιον Σύσκεψιν Ἀγάπης καὶ Εἰρήνης καλουμένην ὑπὸ τῆς Ἐκκλησίας τῆς Ρώμης. Θὰ ἦτο ἀρκετὴ ἡ ἀνάγνωσις τῶν θέσεων τῶν Παπῶν καὶ τῶν ἐν ταῖς Ἡνωμέναις Πολιτείαις Ἐπισκόπων ἡμῶν διὰ νὰ σημειωθῇ πόσον πρόθυμοι πάντες εἶναι νὰ μελετήσουν τρόπους καὶ μέσα πρὸς καταπολέμησιν τῆς ἁμαρτίας κατὰ συμπεφωνημένον πρόγραμμα   Τοῦτο ἐκδηλώνεται σχεδὸν ἑβδομαδιαίως καθ' ἅπαντα τὸν κόσμον ὑπὸ τοῦ Καθολικοῦ ἡμῶν Σώματος. Οἱ Πάπαι προσεκάλεσαν τὰς δυνάμεις τοῦ Χριστιανισμοῦ πρὸς περιφρούρησιν κατὰ τῶν ἐπιθέσεων τοῦ Κουμμουνισμοῦ καὶ ἴσως ἡ καλλίστη ἔνδειξις τούτου ἔγκειται εἰς τὸ ὅτι οἱ πρῶτοι διωχθέντες ἐν πάσῃ χώρᾳ κρατουμένῃ ὑπὸ τοῦ Κουμμουνισμοῦ ἦσαν μέλη τῆς Καθολικῆς Ἱεραρχίας, τοῦ τε Δυτικοῦ καὶ Ἀνατολικοῦ ῥυθμοῦ, ἱερεῖς καὶ ὁ Καθολικὸς λαός   Ὁ πρῶτος ἐχθρὸς τοῦ Κουμμουνισμοῦ θεωρεῖται ὑπ' αὐτῶν ὅτι εἶναι ὁ Πάπας τῆς Ρώμης. Εἴθε ὁ Θεὸς νὰ δώσῃ ὥστε ἡ ἀρχηγία αὕτη νὰ ἐθεωρεῖτο ἀναντίρρητος ἀπὸ μέρους τῶν σωμάτων τοῦ Χριστιανικοῦ κόσμου. Ὡς πρὸς τοὺς κύκλους μελέτης μετὰ Ρωμαιοκαθολικῶν καὶ Ὀρθοδόξων Θεολόγων, οὗτοι συνεχίζονται κατὰ τρόπον ἰδιαίτερον ἐν ταῖς Ἡνωμέναις Πολιτείαις ὡς διεξάγονται εἰς ἄλλας χώρας. Δὲν λαμβάνουν χώραν μόνοι τοιαῦται ἰδιαίτεραι συζητήσεις, ἀλλὰ καὶ δημόσιαι καὶ δὴ ἐτήσιος συνέλευσις τῶν Ἀνατολικῶν Ρυθμῶν εἰς τὸ Fordham, καθ' ἣν πολλάκις προήδρευσα ὅταν εὑρισκόμην ἐν Νέᾳ Ὑόρκῃ. Ὁ Πάπας Πῖος ὁ ΙΑ΄. ἐνετείλατο ὅτι εἰς κάθε σεμινάριον καὶ Καθολικὸν Κολλέγιον καὶ Πανεπιστήμιον παρόμοιαι συνελεύσεις θὰ ἔπρεπε νὰ ὀργανοῦνται ἐτησίως καὶ ἡ κίνησις αὕτη λαμβάνει διαστάσεις ἀναπτύξεως ἀξιολόγους. Ὁ κοινὸς ἡμῶν Καθολικὸς λαὸς κατανοεῖ ἐπὶ μᾶλλον καὶ μᾶλλον τὴν ὕπαρξιν τῶν κεχωρισμένων ἀδελφῶν μας καὶ τῶν ἀδελφῶν τοῦ Ἀνατολικοῦ Ρυθμοῦ,

[44]

οἵτινες ἐπέστρεψαν εἰς ἕνωσιν μετὰ τῆς Ρώμης. Ἡ Ὑμετέρα Ἐξοχότης πρέπει νὰ ἀναλογισθῇ ὅτι ἡ Καθολικὴ Ἐκκλησία εἰς τὰς Ἡνωμένας Πολιτείας εἶναι ἀπὸ τοῦ παρελθόντος καὶ πλέον αἰῶνος ἀπησχολημένη μὲ τὴν ἀνάπτυξιν μεγάλων ἔργων, ἐνῷ ἡ Ἐκκλησία τῆς Γαλλίας δὲν ἔχει ἀνάλογον μετανάστευσιν καὶ ἴσως μήτε τὰ ἴδια προβλήματα

Βεβαίως πρέπει νὰ ἔχωμεν κατὰ νοῦν ὅτι ἡ θεμελιώδης διαφορὰ ἐμφαίνεται ὅταν παραβάλλεται ἡ διδασκαλία καὶ τὸ δόγμα. Ὑπάρχει θεμελιῶδες ἀξίωμα καθ' ὃ δὲν ὑπάρχει ἠθικὴ ἄνευ δόγματος, καὶ εὑρίσκομεν ἑπομένως ἐν ταῖς ἡμέραις ταύταις ἄχρηστον κάθε προσπάθειαν νὰ καθορίσωμεν κριτήρια ἠθικῶν καὶ πνευματικῶν ἀξιῶν ἄνευ τῶν θεμελιωδῶν ἀρχῶν τῆς ἠθικῆς, αἱ ὁποῖαι εὑρίσκονται βεβαίως εἰς τὰς συνόδους τῶν πρώτων αἰώνων ὁπότε ἡ διδασκαλία καλῶς ὡρίσθη, ὡς ἐπίσης καὶ εἰς τὸν φυσικὸν νόμον μὲ τὰς παγκοίνους προϋποθέσεις αὐτοῦ. Ἐπὶ πᾶσιν νομίζω ὅτι ἐκεῖνος ὁ ὁποῖος ἐρευνᾷ τὸ μέγεθος τῶν Παπικῶν ἐγγράφων ἐπὶ τῶν ὑποθέσεων τῆς Ἀνατολῆς, τὴν ἔκτασιν τῶν ἔργων τῆς Ἐκκλησίας τῆς Ρώμης διὰ τὴν Ἀνατολήν, τὸ πνεῦμα τῆς συμπαθείας τὸ πάντοτε ἐκφραζόμενον ὑπὸ τῆς Ἱεραρχίας ἡμῶν καὶ τοῦ λαοῦ διὰ τοὺς Ὀρθοδόξους, θὰ φθάσῃ εἰς ἀναπόφευκτον συμπέρασμα ὅτι ἡ προσπάθεια διὰ τὴν ἕνωσιν ἦτο λογική, διδακτικὴ καὶ σταθερὰ καὶ ὅτι συνεχίζεται εἰς τὸ παρόν. Ἀντιπαραβάλλοντες ταῦτα μὲ τὴν παράλογον καὶ συχνάκις μὲ τὴν προκατειλημμένην ἄποψιν τῶν οὕτως καλουμένων Προτεσταντικῶν Συνεδρίων, εὑρίσκομεν ὅτι ὑπάρχει ἔκδηλον καὶ ἀνυπέρβλητον ἐμπόδιον εἰς τὸν τρόπον πρὸς ἔναρξιν. Ἐξ ἄλλου εἰς τὰς συζητήσεις ἡμῶν μετὰ τῶν Ὀρθοδόξων ἔχομεν μάρτυρα τὴν ἱστορίαν, ὡς ἔχομεν ἐπίσης τὸ θλιβερὸν γεγονὸς τοῦ σχίσματος. Εἰς τὰς συζητήσεις περὶ πίστεως δὲν εὑρίσκομεν ἑαυτοὺς τόσον κεχωρισμένους μετὰ τὴν συζήτησιν ἐπὶ τῆς ὑπεροχῆς τοῦ Πάπα τῆς Ρώμης ὡς τοῦ πρώτου Ἐπισκόπου τοῦ Χριστιανισμοῦ. Ὁ Θεὸς νὰ δώσῃ ὥστε αἱ παλαιαὶ ἡμέραι νὰ ἔλθουν ὀπίσω εἰς ἡμᾶς, ὅτε οἱ Ἐπίσκοποι τῆς Ἀνατολῆς ἀνεφέροντο πρὸς αὐτὸν πολλάκις ὡς πρὸς τὸν πρῶτον Ἐπίσκοπον.

Θὰ προσευχώμεθα θερμῶς πρὸς ἐπανένωσιν. Θὰ ἐργαζώμεθα δι' αὐτὴν διὰ τῆς Λειτουργίας καὶ τῶν Μυστηρίων, προσευχόμενοι ἵνα πάντες οἱ καλῆς θελήσεως ἄνθρωποι ἑνώσουν τὰς δυνάμεις των πρὸς καταπολέμησιν τοῦ μεγάλου κακοῦ τῶν ἡμερῶν ἡμῶν συντελοῦντες εἰς τὴν εἰρήνην καὶ τὴν ἐν Χριστῷ ἀδελφότητα.

Ἐσωκλείω ἐνταῦθα μερικὰ φυλλάδια τὰ ὁποῖα νομίζω ὅτι δύνανται νὰ σᾶς ἐνδιαφέρουν Ἓν ἐξ αὐτῶν εἶναι λόγος τῆς Αὐτοῦ Ἐξοχότητος, τοῦ Σεβασμιωτάτου Amleto Giovanni Cicogannι, Ἀποστολικοῦ Δελεγάτου εἰς τὰς Ἡνωμένας Πολιτείας, ἐκφωνηθεὶς ἐν Chicago τῷ 1941 Ἄλλο δημοσίευμα εἶναι τὸ τῆς Καθολικῆς Ἑνώσεως Περιθάλψεως τῆς Ἐγγὺς Ἀνατολῆς καὶ ἄλλο τοῦ πατρὸς Ἀνδρέου Rogosh, ἱερέως τοῦ Βυζαντινοῦ καὶ Σλαβικοῦ Ρυθμοῦ. Ὁ πατὴρ Rogosh εἶναι αὐθεντία εἰς τὸ θέμα τοῦτο καὶ εἶναι πολὺ γνωστὸς εἰς ἐμέ. Ὁ Ἀποστολικὸς Δελεγάτος ἦτο ἐπὶ ἀρκετὰ ἔτη γραμματεὺς τοῦ Συμβουλίου διὰ τοὺς Ἀνατολικούς

Μετ' εἰλικρινῶν θερμῶν εὐχῶν,

Ὑμέτερος ἐν τῇ πρὸς τὸν Χριστὸν πίστει,

JAMES CARDINAL McINTYRE
Archbishop of Los Angeles

Ἀπαντητικὴ Ἐπιστολὴ τοῦ Θεοφιλ. Ἐπισκόπου Ἐλαίας κ. κ Ἀθηναγόρα Κοκκινάκη

Πρὸς τὸν Σεβασμιώτατον
J Francis Cardinal McIntyre
Ρωμαιοκαθολικὸν Ἀρχιεπίσκοπον
Los Angeles, California

Σεβασμιώτατε,

Ἐν χαρᾷ πολλῇ ἐδεξάμην καὶ ἐμελέτησα τὰ περίπυστα γράμματα τῆς Ὑμετέρας Σεβασμιότητος, τό τε ἀπὸ 20ῆς Ἰουνίου καὶ τὸ ἀπὸ 9ης Ἰουλίου 1954 Δι’ ἀμφότερα ἀπευθύνω πρὸς Ὑμᾶς εὐχαριστίας καὶ δὴ διὰ τὰ βιβλιάρια, τὰ ὁποῖα ἀνέγνωσα μετ’ ἐνδιαφέροντος, καίτοι τὸ περιεχόμενον αὐτῶν γνωστόν μοι ἐτύγχανε καὶ ἐξ ἄλλων πηγῶν.

Λίαν, τῷ ὄντι, εὐστόχως προλογίζει τὸ δεύτερον γράμμα Αὐτῆς ἡ Ὑμ. Σεβασμιότης, δηλοῦσα ἀφ’ ἑνὸς τὴν συμμετοχὴν Αὐτῆς ἐν τῇ θλίψει ἐπὶ τῇ συμπληρώσει ἐννέα αἰώνων ἀπὸ τοῦ Σχίσματος καὶ τὴν διαπίστωσιν, καθ’ ἣν ἡ Ὀρθόδοξος Ἐκκλησία ἐξακολουθεῖ νὰ ἐμμένῃ ἐν τῇ πίστει τῶν Ἀποστόλων «ἐν μέσῳ μεγίστων δυσκολιῶν».

Πλήν, ἐπειδὴ ἐν τῷ Ὑμετέρῳ τούτῳ γράμματι ἐκτίθενται ἀπόψεις τινὲς χρήζουσαι ἱστορικῆς καὶ θεολογικῆς διασαφήσεως, ἐπιχειρῶ διὰ τῶν γραμμῶν τούτων, ἵνα θέσω ὑπ’ ὄψιν Αὐτῆς σκέψεις τινάς, ἐλπίζων, ὅτι ἡ Ὑμετέρα Σεβασμιότης δι’ αὐτῶν θὰ γνωρίσῃ ἔτι ἐναργέστερον τὴν ἐμμονὴν τῆς Ὀρθοδόξου Ἐκκλησίας ἐν τῇ πίστει τῶν Ἀποστόλων καὶ ταῖς ἱεραῖς Παραδόσεσι τῆς ἀδιαιρέτου Καθολικῆς Ἐκκλησίας, θὰ ἀξιολογήσῃ δὲ ἐλευθερότερον τὴν αἰτίαν καὶ τοῦ Σχίσματος καὶ τῆς ἀποτυχίας πρὸς γεφύρωσιν αὐτοῦ

Καί, πρῶτον, ἅπτομαι τοῦ γεωγραφικοῦ προσδιορισμοῦ τοῦ Σχίσματος. Στοιχοῦντες τῇ συνηθείᾳ τῶν δυτικῶν συγγραφέων, ὀνομάζετε ἐν τῇ ἐπιστολῇ Ὑμῶν τὸ Σχίσμα «Ἀνατολικόν» Καὶ ἡμεῖς, ὡς γνωρίζετε, καθορίζοντες γεωγραφικῶς τὸ Σχίσμα, θεωροῦμεν αὐτὸ «Δυτικόν». Ἀλλ’ ὁ γεωγραφικὸς ἐντοπισμὸς τοῦ Σχίσματος ἑκατέρωθεν δὲν αἴρει τὴν ἱστορικὴν αὐτοῦ βάσιν, μήτε μειώνει τὰς εὐθύνας. Ἡ Ἱστορία κατέγραψε τὴν αἰτιολογίαν τῆς ἀπαρχῆς αὐτοῦ ἐν τῷ κεφαλαίῳ τῆς ἀποτυχίας τῶν ὁπαδῶν τοῦ Κυρίου. Διότι ἦτο ὄντως ἀποτυχία καὶ ἔλλειψις χριστιανικῆς ἀγάπης ἡ πρᾶξις τοῦ ἀφορισμοῦ, τὸν ὁποῖον ἀπὸ μέρους τοῦ Πάπα Λέοντος τοῦ 9ου ἐξαπέλυσαν κατὰ τοῦ Πατριάρχου Κωνσταντινουπόλεως Μιχαὴλ οἱ Παπικοὶ ἀντιπρόσωποι τὴν 16ην Ἰουλίου 1054.

Ἐν τῇ περιπτώσει ταύτῃ δέον νὰ ἐνθυμηθῶμεν, ὅτι ὁ Ἀπόστολος Πέτρος δὲν διημφισβήτησε τὴν ἀποστολικότητα τοῦ Ἀποστόλου Παύλου, μήτε διεκήρυξεν αὐτὸν ἀποκεκομμένον τῆς Χριστιανικῆς Κοινότητος, ἐπειδὴ διεφώνησε πρὸς αὐτὸν ἢ μᾶλλον ἐπειδὴ ἤλεγξε αὐτόν. Κατὰ τὴν Καινὴν Διαθήκην, ὁ Πέτρος ἵστατο ἐνώπιον τῶν ἀδελφῶν ὡς «κατεγνωσμένος», ὁ δὲ Παῦλος ἐθεώρησεν αὐτὸν ὡς ἕνα τῶν μὴ ὀρθοποδούντων πρὸς τὴν ἀλήθειαν τοῦ Εὐαγγελίου (Γαλάτ. 2, 11). Κατόπιν ἔνδεκα αἰώνων χριστιανικῆς ζωῆς, μαρτυρίων καὶ διωγμῶν καὶ θριάμβων ἡ Ρώμη ἐν τῷ ὀνόματι τοῦ Πέτρου ἀποκόπτει τῆς Χριστιανικῆς Κοινότητος ἕνα Πατριάρχην, ἀκριβῶς διότι οὗτος ἤλεγξε τὴν Ρώμην ἐπὶ αὐθαιρεσίᾳ, ὡς μὴ φυλάσσουσαν τὰς Παραδόσεις τῶν Ἁγίων καὶ ὡς μὴ ὀρθοποδοῦσαν περὶ τὴν πίστιν

Ἐπὶ ταύτης τῆς ἀδιαμφισβητήτου μαρτυρίας ἐρειδομένη ἡ Ἀνατολὴ ἀπήντησε δι' ἀφορισμοῦ πρὸς τὴν Δύσιν καὶ κατανοεῖ δικαιούμενον τὸν ἰσχυρισμὸν αὐτῆς θεωροῦσα τὸ Σχίσμα «Δυτικόν» Εὑρίσκομεν ἄλλωστε αὐτὸ διαμορφούμενον ἀφ' ὅτου ἡ ὑπὸ τοῦ Κυρίου καταδικασθεῖσα φιλοπρωτεία ἤρχισε νὰ κατακτᾷ χῶρον ἐν τῇ καρδίᾳ τῶν ὑπευθύνων ἀρχηγῶν τῆς Δυτικῆς Ἐκκλησίας καὶ νὰ ἐξωθῇ τὴν ταπείνωσιν, καλοῦσα εἰς ἐπικουρίαν Ἁγιογραφικὰς μαρτυρίας, νοοῦσα ὅμως αὐτὰς κατὰ τρόπον ἄγνωστον τῇ Ἀποστολικῇ Παραδόσει καὶ τῇ καθ' ὅλου ἀντιλήψει τῆς Μιᾶς, Ἁγίας, Καθολικῆς καὶ Ἀποστολικῆς Ἐκκλησίας.

Ἐπὶ παραδείγματι Ἐν τῇ σκέψει τῶν Ἀποστόλων ὁ Ἀπόστολος Πέτρος δὲν ἐθεωρήθη ἀλάθητος, μήτε ὑπέρτερος Καὶ ἰδοὺ Τῆς Ἀποστολικῆς Συνόδου προεδρεύει ὁ Ἰάκωβος (Πράξεις κεφ 15ον) Κατ' ἐντολὴν τῶν Ἀποστόλων, ὁ Πέτρος μετὰ τοῦ Ἰωάννου μεταβαίνει εἰς τὴν Σαμάρειαν, διὰ νὰ στηρίξῃ τοὺς Χριστιανοὺς (Πράξεις 8, 14). Ὁ Παῦλος δὲν διστάζει νὰ ἐλέγξῃ τὸν Πέτρον ἐπὶ ὑποκρισίᾳ «Ὅτε εἶδον ὅτι οὐκ ὀρθοποδοῦσι πρὸς τὴν ἀλήθειαν τοῦ Εὐαγγελίου, εἶπον τῷ Πέτρῳ ἔμπροσθεν πάντων Εἰ σὺ Ἰουδαῖος ὢν ἐθνικῶς ζῇς καὶ οὐκ ἰουδαικῶς, τί τὰ ἔθνη ἀναγκάζεις ἰουδαΐζειν,» (Γαλ. 2, 14).

Κατὰ τὴν Χριστιανικὴν Ἱστορίαν, ὁ Ἀπόστολος Πέτρος ἐχρημάτισεν Ἐπίσκοπος ἐν Ἀντιοχείᾳ. Βεβαιοῦν τοῦτο ὁ Ἱερώνυμος, ὁ Ἅγιος Ἰωάννης ὁ Χρυσόστομος, ὁ Πάπας Ἅγιος Γρηγόριος ὁ Α΄ διὰ νὰ παραλείψω πλείστας ὅσας ἱστορικὰς μαρτυρίας ἀνατολικῶν καὶ δυτικῶν Κατὰ τὴν κρατοῦσαν ἱστορικὴν παραδοχήν, ὁ Πέτρος ἐμαρτύρησεν ἐν Ρώμῃ μετὰ τοῦ Παύλου. Καὶ οἱ δύο ηὗραν ἱδρυμένην τὴν Ἐκκλησίαν ἐκεῖ, πρῶτον ἐπίσκοπον τῆς ὁποίας ἐχειροτόνησεν ὁ Παῦλος τὸν Λίνον. Καὶ οἱ δύο Ἀπόστολοι δύναται νὰ λεχθῇ, ὅτι ἐπεσκόπευσαν ἐν Ρώμῃ, καίτοι ἡ ἐπισκοπικὴ ἰδιότης τῶν Ἀποστόλων δὲν περιορίζεται γεωγραφικῶς εἰς μίαν πόλιν ἢ περιφέρειαν. Ἡ παρουσία ἑνὸς Ἀποστόλου εἰς μίαν Χριστιανικὴν Κοινότητα εἶναι ἀρκετὴ διὰ νὰ ἀναγνωρισθῇ εἰς αὐτὸν ἡ πνευματική του αὐθεντία. Διὰ τοῦτο ὁ κόσμος ἅπας ἦτο ἡ Ἐπισκοπὴ τῶν Ἀποστόλων Τὸ γεγονὸς ὅτι ὁ Ἀπόστολος Παῦλος ὡρίσθη, ἵνα κηρύξῃ εἰς τὰ Ἔθνη, εἶναι ἀρκετόν, ἵνα βασίσῃ τις συμπερασμόν, ὅτι ὁ διευθύνων ἐπισκοπικῶς τὴν Ἐκκλησίαν τῆς Ρώμης ἦτο ὁ Παῦλος, οὗτινος τὸ κήρυγμα καὶ ἡ ἐπίδρασις εἰσῆλθον καὶ ἐντὸς ἀκόμη τῆς αὐτοκρατορικῆς αὐλῆς

Ἐπὶ τοῦ σημείου τούτου μᾶς διαφωτίζει κατά τι ἡ μαρτυρία τοῦ Πάπα Ἁγίου Γρηγορίου τοῦ Α΄., ὁ ὁποῖος ἐν ἐπιστολῇ πρὸς τὸν Ἀλεξανδρείας Εὐλόγιον γράφει:

«Ἐν πλάτει ὡμίλησας ἐν ταῖς ἐπιστολαῖς σου περὶ τῆς ἕδρας τοῦ Ἀποστόλου Πέτρου, τοῦ πρώτου τῶν Ἀποστόλων, λέγων ὅτι εἰσέτι παραμένει ἐνταῦθα διὰ τῶν διαδόχων αὐτοῦ. Ἀναγνωρίζω ἐμαυτὸν ἀνάξιον οὐ μόνον τῆς τιμῆς τοῦ πρώτου, ἀλλὰ καὶ τῆς συγκαταριθμήσεώς μου μετὰ τῶν πιστῶν. Πλήν, ἀποδέχομαι εὐχαρίστως ὅσα εἶπας, διότι, ἐν σχέσει πρὸς τὴν ἕδραν τοῦ

[47]

Πέτρου, ἦλθον ἀπὸ σοῦ, ὅστις κατέχεις τὴν ἕδραν τοῦ Πέτρου. . . . Μεγάλως χαίρω, ὅτι σὺ ὁ ἁγιώτατος παραχωρεῖς εἰς ἐμὲ ἐκεῖνο ὅπερ ἀνήκει εἰς σέ. Ἡ ἕδρα τοῦ πρώτου τῶν Ἀποστόλων ὑπάρχει εἰς τρεῖς τόπους. Διότι οὗτος ἐδόξασε τὴν ἕδραν ἐν ᾗ κατεδέξατο νὰ ἀναπαυθῇ (quisere), νὰ τελειώσῃ τὴν παροῦσαν ζωήν. Οὗτος εἶναι ὁ καταστολίζων τὴν ἕδραν ἐν ᾗ ἀπέστειλε τὸν εὐαγγελιστὴν μαθητὴν αὐτοῦ. Οὗτος εἶναι ὅστις ἐνεδυνάμωσε τὴν ἕδραν ἣν κατεῖχεν ἐπὶ ἑπτὰ ἔτη, καίτοι ὑπεχρεώθη νὰ τὴν ἐγκαταλείψῃ».[1]

Ὁ ἴδιος γράφει πρὸς τὸν Ἀντιοχείας Ἀναστάσιον:

«Ἰδοὺ νῦν ὅτι ἡ Ἁγιότης σου ἐν τῷ γήρει αὐτῆς ὑπὸ πολλῶν εὑρίσκεται βεβαρυμένη δυσκολιῶν. Ἀλλ' ἐνθυμοῦ τί ἐλέχθη πρὸς ἐκεῖνον οὗ τὴν ἕδραν κατέχεις. <Ὅταν γηράσῃς ἐκτενεῖς τὰς χεῖράς σου καὶ ἄλλος σὲ σώζει· καὶ ·οἴσει ὅπου θέλεις>. Ὡς ἔχομεν κοινὸν τὸν διδάσκαλον, τὸν ἀρχηγὸν τῶν Ἀποστόλων, οὕτως οὐδεὶς ἐξ ἡμῶν πρέπει νὰ ἀξιοῖ ἀποκλειστικῶς δι' ἑαυτὸν τὸν μαθητὴν τοῦ πρώτου τῶν Ἀποστόλων». (Ἐννοεῖ τὸν Ἅγιον Ἰγνάτιον, διάδοχον τοῦ Πέτρου ἐν τῇ ἐπισκοπῇ Ἀντιοχείας).[2]

Ἀναμφιβόλως, ἡ Ἐκκλησία ἀνεγνώρισε ποιάν τινα αὐθεντίαν καὶ ἀρχηγίαν τοῦ Ἀποστόλου Πέτρου ἐν τοῖς Ἀποστόλοις, οὐχὶ ὅμως ὑπὲρ τοὺς Ἀποστόλους. Ἡ παρατήρησις αὕτη ἐγένετο μεταξὺ ἄλλων ὑπὸ τοῦ Ἁγίου Αὐγουστίνου, διακρίναντος τὴν ἀρχηγίαν τοῦ Πέτρου In Discipulis non in Discipulos.[3] Παρόμοια ἀπεφήνατο καὶ ὁ Ἅγιος Κυπριανός. «Ὅπερ ἦν πᾶσι τοῖς Ἀποστόλοις τὸ αὐτὸ καὶ παρὰ τῷ Πέτρῳ, τουτέστιν πάντες ἦσαν πεπροικισμένοι τῇ ἰδίᾳ τιμῇ καὶ ἐξουσίᾳ». Hoc erat utique et caeteri Apostoli quod fuit Petrus pari consortio praediti et honoris et potestatis.[4]

Οἵα θέσις ἀνεγνωρίσθη τῷ Πέτρῳ ἐν τοῖς Ἀποστόλοις, παρομοίαν ἀνεγνώρισεν ἡ Ἐκκλησία τῷ Ἐπισκόπῳ Ρώμης. Πρῶτος μεταξὺ ἴσων. Primus inter pares. Καὶ τοῦτο κυρίως διὰ λόγους μᾶλλον τῆς πολιτικῆς σημασίας ἣν εἶχε ἡ Ρώμη. «Διὰ τὸ βασιλεύειν τὴν πόλιν».[5] Διότι ἂν ἦτο ἄλλος ὁ λόγος, τότε ποία πόλις ἐπὶ τῆς γῆς θὰ ἠδύνατο νὰ προηγηθῇ τῆς Ἱερουσαλήμ, ἐν ᾗ ὁ Κύριος ἔζησεν, ἐδίδαξεν, ἔπαθεν, ἀνέστη, ἐν ᾗ τὸ Πνεῦμα τὸ Ἅγιον κατῆλθε ἐπὶ τὴν Θεοτόκον Μαρίαν καὶ τοὺς Ἀποστόλους, ἐν ᾗ τὸ πρῶτον ὁ Πέτρος ἐκήρυξε καὶ ἐθαυματούργησε καὶ ἐστήριξε ἐπὶ τῆς ὁμολογίας αὐτοῦ τοὺς πρώτους πιστούς, ἐν ᾗ ἡ πρώτη Νομοθετικὴ Σύνοδος καὶ τὰ πρῶτα μαρτυρικὰ αἵματα ἐξεχύθησαν, Ἀλλ', ὡς γνωρίζομεν, οἱ Ἐπίσκοποι τῆς Ἱερου-·σαλὴμ δὲν διεξεδίκησαν θέσιν ὑπερτέραν τῶν ἄλλων ἐπισκόπων καὶ μόνον δι' ἀποφάσεως Οἰκουμενικῆς Συνόδου ἡ Ἐκκλησία Ἱεροσολύμων ἔλαβε τὸν τίτλον «Μήτηρ τῶν Ἐκκλησιῶν», ὁ δὲ Ἐπίσκοπος αὐτῆς ἀνεκηρύχθη εἰς Πατριάρχην, πέμπτον κατὰ σειράν. Δικαίως ὅθεν ὁ Ἅγιος Ἄβιτος, Ἐπίσκοπος Βιέννης, ἔγραφε πρὸς τὸν Πατριάρχην Ἱεροσολύμων, «ἡ ἀποστολικότης σου ἐνέχει πρώτην θέσιν (principen locum) ἐν τῇ Ἐκκλησίᾳ οὐχὶ μόνον διὰ προνομίων ἀλλὰ διὰ τῆς ἀξίας αὐτῆς».[6]

Τὰ ἀποτελέσματα δεικνύουν, ὅτι δὲν ὠφέλησε τὴν Ἐκκλησίαν ἡ ἐπιδίωξις τῆς πρωτοκαθεδρίας, μήτε ἡ τιμητικὴ καὶ ἐν πολλοῖς κενὴ τιτλοφορία. Τὰ

---

[1] Letters of St Gregory, Book VIII, Ep 2
[2] Letters of St Gregory, Book V, Ep 39
[3] Sermon 10 On Peter and Paul
[4] De unitate Ecclesiae, IV
[5] Κανὼν 28ος Δης Οἰκουμενικῆς Συνόδου.
[6] Works of St Avitus, by Father Sirmond, 2nd volume

ὅσα ἔγραψεν ὁ Πάπας ᾽Άγιος Γρηγόριος ὁ Α΄. πρὸς τὸν Πατριάρχην Κωνσταντινουπόλεως ᾽Ιωάννην τὸν Νηστευτὴν καὶ τὸν διάδοχον αὐτοῦ Κυριακὸν διὰ τὸν τιμητικὸν τίτλον «Οἰκουμενικὸς Πατριάρχης», δοθέντα ὑπὸ τοῦ Αὐτοκράτορος Μαυρικίου, ἀναμφιβόλως εἶναι ἄξια προσοχῆς·ὡς πλήρη διδαγμάτων ἀδιαμφισβητήτου ἀληθείας. Καὶ ὁ μὲν τίτλος «Οἰκουμενικὸς» ἦτο καὶ εἶναι τιμητικός, οὐχὶ δὲ διοικητικός. Διότι ἡ θέσις τοῦ Πατριάρχου Κωνσταντινουπόλεως, μετὰ τὴν ἐπίδοσιν τοῦ τίτλου, ἔμεινεν ἐν τοῖς γεωγραφικοῖς ὁρίοις ἐν οἷς καθώρισεν ἡ Οἰκουμενικὴ Σύνοδος πρὸ τῆς ἐπιδόσεως τοῦ τίτλου. Δὲν εἶχεν, ὡς καὶ σήμερον δὲν ἔχει, ὁ Οἰκουμενικὸς Πατριάρχης δικαιοδοσίαν διοικητικὴν ἐπὶ τῶν ἄλλων θρόνων τῆς ᾽Ανατολικῆς ᾽Εκκλησίας, ὡς καὶ ὁ Πατριάρχης τῆς Ρώμης δὲν εἶχε δικαιοδοσίαν ἐπὶ πάσης τῆς ᾽Ιταλίας, εἰ μὴ μόνον ἐπὶ τῆς Μητροπόλεως τῆς Ρωμαϊκῆς περιφερείας. Δι᾽ αὐτὸ καὶ ὁ Μέγας ᾽Αθανάσιος καλεῖ τὴν πόλιν τοῦ Μιλάνου Μητρόπολιν τῆς ᾽Ιταλίας, τὴν δὲ Ρώμην Μητρόπολιν τῆς Ρωμαϊκῆς περιφερείας. (᾽Αθανασίου, ἐπιστολὴ πρὸς Σολίτιον).

᾽Εὰν λοιπὸν διὰ τὸν τιμητικὸν τίτλον παρεπονέθη ὁ Πάπας ᾽Άγιος Γρηγόριος ὁ Α΄., τί θὰ ἔλεγε διὰ τοὺς διαδόχους αὐτοῦ ἐπισκόπους Ρώμης, οἵτινες προσέλαβον τὸν εἰδωλολατρικὸν τίτλον pontifex maximus, οἵτινες ὑπογράφουν ὡς ᾽Επίσκοποι τῆς Καθολικῆς ᾽Εκκλησίας καὶ θεωροῦνται ἀλάθητοι ἑρμηνεῖς τῶν δογμάτων "non ex consensu Ecclesiae," ἀλλ᾽ ὡς ᾽Επίσκοποι τῶν ᾽Εκκλησιῶν, ἐκ τῆς θέσεως αὐτῶν, παρ᾽ ὧν, ὡς διατείνονται, ἀπορρέει ἡ ἐπισκοπικὴ τιμὴ καὶ ἡ ἐξουσία ὅλων τῶν ἄλλων ᾽Επισκόπων;[7]

Τί θὰ ἔλεγεν ὁ ἴδιος, ἐὰν ἀνεγίνωσκεν εἰς τὰ «Χρονικά», ὅσα ὁ Καρδινά-λιος Βαρόνιος λέγει διὰ τὸν Πάπα: «᾽Εξαρτᾶται ἐκ τῆς θελήσεως καὶ διαθέσεως τῆς ᾽Αγιότητός του, ἵνα ὁλόκληρος ἡ ᾽Εκκλησία θεωρῇ ἅγιον καὶ ἱερὸν ἐκεῖνο, ὅπερ ἐκεῖνος θεωρεῖ ὡς τοιοῦτον».[8]

Τί θὰ ἔλεγεν, ἂν ἀνεγίνωσκεν εἰς τὴν «Θεολογίαν» τοῦ Καρδιναλίου Βελαρμίνου De Romano pontifice: «᾽Εάν ποτε ὁ Πάπας, ἀπατηθείς, ἤθελε συστήσῃ ἁμαρτίας καὶ ἀπαγορεύσῃ· ἀρετάς, ἡ ᾽Εκκλησία θὰ ὤφειλε νὰ δεχθῇ τὰς ἁμαρτίας ὡς ἀγαθάς, τὰς δὲ ἀρετὰς ὡς κακίας». (Si audem Papas erraret praecipiendo vitia, vel prohibendo virtutes, tenetur Ecclesia credere vitia esse bona et virtutes mala). [9]

Τί θὰ ἔλεγεν, ἂν ἀνεγίνωσκεν ὅσας κολακείας ἔγραψε, περὶ τῆς θέσεως τοῦ Πάπα, ὁ Καρδινάλιος Ζαβαρέλλα: «᾽Εὰν ἐν Συνόδῳ παρευρίσκετο ὅ τε Θεὸς καὶ ὁ Πάπας, ὁ Πάπας δύναται ἐν Συνόδῳ ὅσα καὶ ὁ Θεὸς δύναται νὰ πράξῃ. ᾽Αλλ᾽ ὁ Πάπας πράττει πᾶν ὅ,τι ἐπιθυμεῖ καὶ παρανομίας ἀκόμη, κατὰ τοῦτο ὅθεν πλείων τοῦ Θεοῦ». (Deus et Papa faciunt unum consistorium Papa potest quast omnia quae facit deus ... Et Papa facit quidquid libet etiam illicita, et est ergo plus quam deus). [10]

᾽Αναμφιβόλως, ὁ ᾽Άγιος οὗτος ᾽Επίσκοπος τῆς Ρώμης θὰ ἔκρυπτε τὸ πρόσωπόν του. ᾽Ιδοὺ τί ἔγραφε πρὸς τὸν Πατριάρχην ᾽Αλεξανδρείας Εὐλόγιον:

---

7 ᾽Ίδε Βούλα: Pastor Aeteinus, in Denzinger enchiridion
8 Baronii anales num 224
9 De Romano Pontifice 4, 23 ᾽Ίδε καί: «Ἡ ἐπιστροφή μου εἰς τὴν ᾽Ορθοδοξίαν» ὑπὸ Paul B Convalier,-σελ. 27-29. ᾽Αθῆναι.1954.
10 Gardinalius Zarabella,-De Scism-Innocent VII.-᾽Ίδε καί: P B Convalier.

«Εἶπον, ὅτι δὲν θὰ ἔπρεπε νὰ ἀποδώσῃ ἡ Ἁγιότης σου πρὸς ἐμὲ τὸν τίτλον τοῦτον. Καὶ ἰδοὺ ἐν τῇ ἐπιστολῇ σου μοὶ ἀπονέμεις τοὺς ἀπορριφθέντας ὑπ' ἐμοῦ κενοδόξους τίτλους, Οἰκουμενικός, καὶ Πάπας. Ἂς μὴ ἐπαναλάβῃ, παρακαλῶ, τοῦτο ἡ γλυκυτάτη Ἁγιότης σου εἰς τὸ μέλλον. Διότι ἀφαιρεῖς παρὰ σεαυτοῦ ὅ,τι προσδίδεις εἰς τὸν ἄλλον. Δὲν ζητῶ αὔξησιν διακρίσεως, ἀλλ' αὔξησιν ἀρετῆς. Δὲν θεωρῶ τιμὴν εἰς ἐμαυτὸν πᾶν ὅ,τι γίνεται αἰτία νὰ ὑποτιμηθοῦν εἰς διάκρισιν οἱ ἀδελφοί μου». [11]

Ἐπίσης, ὁ Ἅγιος Κυπριανός, ἂν ἔζῃ σήμερον, θὰ ἐξέφραζε θλῖψιν, βλέπων τὴν ὁλοκληρωτικὴν ἐπὶ τῶν Ἐπισκόπων τῆς Δυτικῆς Ἐκκλησίας κυριαρχίαν τῶν Ἐπισκόπων τῆς Ρώμης.[12] Εἶναι αὐτός, ὅστις ἀπέρριπτε τὴν θεωρίαν τοῦ Ἐπισκόπου τῶν Ἐπισκόπων. Δι' αὐτὸ καὶ ἔγραφεν: «Οὐδεὶς ἐξ ἡμῶν θέτει ἑαυτὸν εἰς τὴν θέσιν τοῦ Ἐπισκόπου τῶν Ἐπισκόπων. Ἕκαστος Ἐπίσκοπος ἔχει πλήρη ἐλευθερίαν καὶ ὁλοκληρωτικὴν ἐξουσίαν».[13]

Εἶναι γεγονός, ὅτι ἡ Ἐκκλησία τῆς Ἀφρικῆς ἐπετίμησε διὰ συνοδικῆς ἀποφάσεως τὸν Ἐπίσκοπον Ρώμης, ἐρίζοντα μετὰ τοῦ Ἐπισκόπου Ἀλεξανδρείας. Εἶναι καὶ τοῦτο μία τῶν ἀποδείξεων, καθ' ἣν εἰς οὐδεμίαν περιφέρειαν εἰς Ἐπίσκοπος ἢ Πατριάρχης ἐθεωρεῖτο ἀνώτερος ἢ Ἐπίσκοπος τῶν Ἐπισκόπων.

Τὸ ἴδιον ἀποδεικνύει καὶ ἡ ἀπόφασις τῆς Συνόδου τῆς Ἀρελάτης, ὡς πρὸς τὴν διαφωνίαν τῶν Ἐπισκόπων τῆς Ἀφρικῆς μετὰ τοῦ Ἐπισκόπου τῆς Ρώμης ἐπὶ τοῦ βαπτίσματος τῶν αἱρετικῶν.[14]

Εἶναι δυνατὸν νὰ ἀχθοῦν εἰς φῶς πολλαὶ μαρτυρίαι ἐπὶ τοῦ θέματος τούτου, μαρτυρίαι Ἁγίων, ἀλλὰ μήτε ἡ Ὑμετέρα Σεβασμιότης διαθέτει χρόνον, ἵνα αὐτὰς μελετήσῃ καὶ ἐξηγήσῃ, μήτε ἡ ταπεινότης μου εὐκαιρεῖ, ἵνα αὐτὰς συλλέξῃ καὶ παραθέσῃ.

Ἐπὶ τοῦ ζητήματος τῶν προσπαθειῶν τῶν Ἐπισκόπων Ρώμης, πρὸς ἕνωσιν μετὰ τῆς Ἀνατολῆς, θὰ εἶχον πολλὰ νὰ παρατηρήσω, καθ' ὅτι ἡ Ὑμετέρα Σεβασμιότης, καθ' ἅ μοι ἔγραψε, θεωρεῖ αὐτὰς ἀποδείξεις τῶν ἀγαθῶν διαθέσεων καὶ τῆς ἐργασίας τῶν Παπῶν, πρὸς ἄρσιν τοῦ σχίσματος. Ἐν τῇ περιπύστῳ ἐπιστολῇ Ὑμῶν ἀναφέρετε τὸ παράδειγμα τοῦ Πάπα Ἰννοκεντίου τοῦ Γ΄, ὅστις ἤλεγξε δριμύτατα τοὺς Σταυροφόρους, ὅταν δι' ἀπάτης κατέλαβον τὴν Κωνσταντινούπολιν πρὸ 750 ἐτῶν. Ἀλλὰ τὰ κίνητρα τῶν διαθέσεων αὐτοῦ πρὸς τὴν Ἀνατολὴν διαφαίνονται ἐναργέστερον εἰς ἄλλας πρὸς τοὺς ἀρχηγοὺς τῶν Σταυροφόρων ἐπιστολὰς αὐτοῦ. Πρὸς τὸν Μαρκήσιον Μονφερᾶτον, ἀρχηγὸν τῶν Σταυροφόρων, γράφει ὁ Ἰννοκέντιος ὁ Γ΄.: «Δύνασθε νὰ κρατήσητε καὶ νὰ ὑπερασπίσητε τὴν χώραν, τὴν ὁποίαν κατελάβατε διὰ θελήματος Θεοῦ. Ἀλλ' ὑπὸ τὸν ὅρον, ὅτι θὰ ἀποκαταστήσητε τὰ κτήματα τῶν Ἐκκλησιῶν καὶ θὰ μείνητε πιστοὶ πρὸς τὴν Ἁγίαν Ἕδραν καὶ πρὸς ἡμᾶς». Ὁ ἴδιος, ὑπακούων εἰς τὸν ἐνθρονισθέντα ὑπὸ τῶν Σταυροφόρων Λατῖνον Αὐτοκράτορα τῆς Κωνσταντινουπόλεως Βαλδουῖνον, ἐνήργησε παρὰ τοῖς Ἐπισκόποις τῆς Γαλλίας, ἵνα ἀποστείλουν εἰς Βυζάντιον Λατίνους Κληρικοὺς καὶ Βιβλία, «ἵνα ἡ Ἐκκλησία τῆς Ἀνατολῆς συμφωνήσῃ μετὰ τῆς Ἐκκλησίας τῆς Δύσεως ἐν τῇ πρὸς τὸν Θεὸν δοξολογίᾳ». Ὁ ἴδιος ἀπέρρι-

---

[11] Letters of St. Gregory, Book VII. Ἴδε καί: Abbe Guettee, The Papacy, σ.297.
[12] Consil. Carth St. Cyprian. Benedictine editon, σελ. 327-330
[13] Prolegomena Institutiones Canonicae, by Devoti. Chapt. 2, 1-5.
[14] Codex Can. Ecclesiae Africanae No 101, mansi summa consiliorum. Acta consil. arelat. can. VII.

ψεν, ὡς ἀντικανονικήν, τὴν ἐκλογὴν τοῦ Λατίνου Πατριάρχου Κωνσταντινουπόλεως Θωμᾶ Μοροζίνη, ἵνα κατόπιν, ἐξασκῶν τὸ ἀξίωμα τοῦ Ἐπισκόπου τῶν Ἐπισκόπων, διορίσῃ αὐτὸν Πατριάρχην Κωνσταντινουπόλεως Ἰδοὺ τί ἔγραφε πρὸς αὐτόν: «Χειροτόνησε Λατίνους Ἐπισκόπους διὰ τὰς μικτὰς Ἐπισκοπὰς καὶ προτίμα αὐτοὺς ὑπὲρ τοὺς Ἕλληνας Ἐὰν δὲν δύνασαι νὰ φέρῃς τοὺς Ἕλληνας εἰς τὸν Λατινικὸν ῥυθμόν, ὑπόμεινον αὐτοὺς τηροῦντας τὸν ἴδιον, ἕως ὅτου ἡ Ἁγία Ἕδρα διατάξῃ διαφοροτρόπως»

Κατὰ τοὺς ἱστορικοὺς ὁ Πάπας Ἰννοκέντιος ὁ Γ΄. ἔδωκε τελειωτικὴν μορφὴν εἰς τὸ σχίσμα μεταξὺ Ἀνατολῆς καὶ Δύσεως. Οἱ διάδοχοί του ἐσυνέχισαν μὲ τὴν ἰδίαν τακτικήν.[15] Διὰ τῶν ἐνεργειῶν τοῦ Ἰννοκεντίου ἐγκατεστάθη Λατινικὸν Πατριαρχεῖον εἰς τὴν Κωσταντινούπολιν καὶ εἰς τὴν Ἱερουσαλήμ Ὁ διάδοχός του Πάπας Οὐρβανὸς ὁ Δ΄, ὅταν ἡ Κωνσταντινούπολις κατελήφθη ὑπὸ τῶν Ἑλλήνων καὶ ἐξώσθη ὁ Λατῖνος Αὐτοκράτωρ, ἔγραψε πρὸς τὸν Βασιλέα τῆς Γαλλίας Λουδοβῖκον τὸν 9ον προτρέπων αὐτὸν νὰ ὑπερασπισθῇ τὸν Λατῖνον Αὐτοκράτορα, «ὅστις ἐξώσθη ὑπὸ τῶν σχισματικῶν Ἑλλήνων πρὸς καταισχύνην τῆς Δύσεως».

Ὅθεν, τὰ ἐλατήρια τῶν Παπῶν εἰς τὰς σχέσεις των πρὸς τὴν Ἀνατολὴν δὲν ἦσαν ἁγνά, ἀκέραια καὶ χριστιανικῶς ἀδελφικά, ὡς τὰ θεωρεῖ ἡ Ὑμετέρα Σεβασμιότης, προσπαθοῦσα νὰ ἀποδείξῃ τὴν σπουδαιότητα τῶν προσπαθειῶν τῆς Ρώμης ὑπὲρ τῆς Ἀνατολῆς καὶ δὴ πρὸς ἄρσιν τοῦ σχίσματος.

Παράδειγμα ἕτερον ἔχομεν τὴν Σύνοδον τῆς Λυὼν τῷ 1274, ἡ ὁποία ἐκλήθη κατ᾽ ἐπιθυμίαν τοῦ Αὐτοκράτορος Μιχαὴλ τοῦ 7ου τοῦ Παλαιολόγου, ἐλπίζοντος, ὅτι θὰ ἐλάμβανε στρατιωτικὴν βοήθειαν παρὰ τῶν ἡγεμόνων τῆς Δύσεως μέσῳ τοῦ Πάπα Γρηγορίου τοῦ 10ου Ὁ διαδεχθεὶς αὐτὸν Πάπας Νικόλαος ὁ 3ος, ἀποστέλλων τοὺς ἀντιπροσώπους αὐτοῦ εἰς τὴν Ἀνατολήν, ἵνα διενεργήσουν τὰ τῆς ἑνώσεως ἐπὶ τῇ βάσει τῶν ἀποφάσεων τῆς Συνόδου τῆς Λυών, ἔδωκεν ἐντολάς, αἱ ὁποῖαι ἦλθον εἰς φῶς ἐκ χειρογράφου δημοσιευθέντος τῷ 1898, Les registres de Nicholas III, ed. J Gay.[16]

Κατὰ τὴν ἔκδοσιν ταύτην, ὁ Πάπας Νικόλαος διατάσσει, ἵνα τὸ Σύμβολον τῆς Νικαίας-Κωνσταντινουπόλεως μετὰ τῆς προσθήκης τοῦ Filioque ᾄδεται ὑπό τε Ἑλλήνων καὶ Λατίνων Ὡς πρὸς τὸν Λειτουργικὸν ῥυθμὸν τῆς Ἀνατολῆς διατάσσει νὰ φυλαχθοῦν μόνον «ὅσα φαίνονται εἰς τὴν Ἀποστολικὴν Ἕδραν ὡς μὴ προσβάλλοντα τὴν ἀκεραιότητα τῆς καθολικῆς πίστεως καὶ τῶν ἱερῶν κανόνων». Διὰ τοὺς κληρικούς, αἱ παπικαὶ ἐντολαὶ περιελάμβανον καὶ τὰ ἑξῆς: «Ὁ Πατριάρχης καὶ ὅλοι οἱ ἄλλοι κληρικοὶ μεθ᾽ ὅρκου θὰ ἀποδέχωνται τὴν ἀλήθειαν τῆς πίστεως, τὸ πρωτεῖον τῆς Ρωμαϊκῆς Ἐκκλησίας ἄνευ ὅρων καὶ προσθηκῶν καὶ μόνον κατόπιν τούτων θὰ ἠδύναντο νὰ ζητήσουν ἀπὸ τοὺς ἀντιπροσώπους βεβαίωσιν διοριστήριον τῆς θέσεώς των καὶ τοῦ ἀξιώματός των». (Super confirmatione status cui petere curaverunt)

Πῶς ἦτο δυνατὸν νὰ γίνουν δεκτοὶ παπικοὶ ἀντιπρόσωποι, φέροντες τοιούτους ὅρους διὰ τὴν ἕνωσιν; Τὰ ἐπακολουθήσαντα εἰς τὴν Ἀνατολὴν δεικνύουν τὴν ψυχικὴν ταραχὴν τοῦ Ὀρθοδόξου Κλήρου καὶ Λαοῦ ἐπὶ τῇ ἰδέᾳ τῆς ἀπομακρύνσεώς του ἐκ τῆς Ἱερᾶς Παραδόσεως καὶ ὑποταγῆς του εἰς τὴν Ἐκκλησίαν τῆς Ρώμης. Ὡς ἀπεδείχθη ἐκ τῶν ἐνεργειῶν διὰ τὴν ἕνωσιν, ἀπουσίαζε τὸ σπουδαιότερον στοιχεῖον τῆς ἐπιτυχίας. Ἔλειπεν ἡ ἀγάπη. Διὰ

---

15 Fleury, Histoire Ecclesiastic Liv LXXXXIII, 32
16 Ἴδε: The Greek Orthodox Theological Review, No 1, p 19-24

τὴν ἔλλειψιν ταύτην σοφώτατα ἔγραψε κάποτε πρὸς τὸν Πάπαν Εὐγένιον τὸν 3ον ὁ Ἅγιος Βερνάρδος τοῦ Κλερβώ: «Εἴμεθα χωρισμένοι ἀπὸ τὴν ἀγάπην».[17]

Καὶ σήμερον, παρὰ τὰ πολλὰ καὶ μεγάλα στοιχεῖα Δογματικῆς συγγενείας μεταξὺ Ἀνατολῆς καὶ Δύσεως, συμβαίνει τὸ ἴδιον. Ἀπουσιάζει ἡ ἀγάπη. Τὴν ἐξώρισαν ἀπὸ τὰς καρδίας τῶν Χριστιανῶν τῆς Δυτικῆς καὶ Ἀνατολικῆς Ἐκκλησίας αἱ Σταυροφορίαι καὶ ἡ προσπάθεια πρὸς ἐκλατινισμὸν τῆς Ἀνατολικῆς Λατρείας, καίτοι ὡς γράφει ὁ Α. Rogosh, «σχετικῶς ὀλίγοι ὕπατοι Ποντίφηκες ἐτάχθησαν ὑπὲρ τοῦ ἐκλατινισμοῦ».[18]

Καὶ σήμερον τί γίνεται; Καὶ σήμερον δὲν ἐκδηλοῦται ἀγάπη. Ἡ φρασεολογία τοῦ ἐξοχ. Παπικοῦ ἀντιπροσώπου ἐν ταῖς Ἡνωμέναις Πολιτείαις, Ἀρχιεπισκόπου Ἀμλέτου Σικονιάνη, ἐν τῷ μελετήματι αὐτοῦ, ὅπερ μοὶ ἀπεστείλατε, δὲν φανερώνει ἀγάπην. Διότι, ὁμιλῶν κατὰ τὴν διάρκειαν τοῦ Εὐχαριστιακοῦ Συνεδρίου τῶν Δυτικῶν Ἑλληνορρύθμων ἐν Σικάγῳ τῷ 1941, δὲν φαίνεται σεβόμενος τὴν πολιὰν ἀρχαιότητα τοῦ Ἀνατολικοῦ Λειτουργικοῦ ῥυθμοῦ. Ἀναφερόμενος εἰς τὸ ζήτημα τῆς Ἐπικλήσεως χαρακτηρίζει αὐτὴν ὡς «δογματικὴν πλάνην» τῆς Σχισματικῆς Ἀνατολῆς.[19] Ὁμιλῶν πρὸς χριστιανοὺς Δυτικοὺς μέν, ἀλλὰ σεβομένους τὸν λειτουργικὸν ῥυθμὸν τῆς Ἀνατολικῆς Ἐκκλησίας, ἐν ᾗ οἱ πατέρες αὐτῶν, ἴσως δὲ καὶ οἱ ἴδιοι, ἔλαβον τὸ χάρισμα τῆς υἱοθεσίας, καλλιεργεῖ τὴν ἀγάπην, ὅταν ἀποκαλῇ τὴν Ἐπίκλησιν «δογματικὴν πλάνην»; Ἀλλ᾽ ἀσφαλῶς γνωρίζει, ὡς μελετητὴς τῆς Ἱστορίας, ὅτι ἡ Ἐπίκλησις εἶναι στοιχεῖον, ὅπερ χαρακτηρίζει τὰς ἀρχαίας Λειτουργίας, ἀπὸ τῆς Λειτουργίας τῆς ἐν τῇ Ἀποστολικῇ Παραδόσει τοῦ ἱεροῦ Ἱππολύτου καὶ τῆς Λειτουργίας τοῦ ὀγδόου βιβλίου τῶν Ἀποστολικῶν Διαταγῶν μέχρι τῶν Λειτουργιῶν τοῦ Μ. Βασιλείου καὶ τοῦ Ἁγίου Ἰωάννου τοῦ Χρυσοστόμου. «Καὶ ποίησον, τὸν μὲν ἄρτον τοῦτον τίμιον σῶμα τοῦ Χριστοῦ σου, τὸ δὲ ἐν τῷ Ποτηρίῳ τούτῳ τίμιον αἷμα τοῦ Χριστοῦ σου, μεταβαλὼν τῷ Πνεύματί Σου τῷ Ἁγίῳ». Ἐπλανήθη ἡ Ἀρχαία Ἐκκλησία ἐν τῇ Λατρείᾳ αὐτῆς; Τὰ Κυριακὰ Λόγια: «Λάβετε φάγετε, τοῦτό ἐστι τὸ σῶμά μου...» καὶ «Πίετε ἐξ αὐτοῦ πάντες, τοῦτό ἐστι τὸ αἷμά μου», ἀναμφιβόλως ἔχουν τὴν θέσιν των, ὄντως σπουδαίαν θέσιν ἐν τῷ κανόνι τῆς Λειτουργίας. Οἱ Ἀπόστολοι καὶ οἱ Διάδοχοί των ἐτοποθέτησαν τὰ Λόγια ὡς δεῖγμα ἑνωτικὸν τῆς πρώτης μετὰ τῆς τελουμένης Λειτουργίας. Διὰ λόγον τοῦτον, τὸ μέρος τῆς Λειτουργίας τὸ περιέχον τὰ Λόγια λέγεται Ἀναφορά, ἐπειδὴ ἀναφέρεται εἰς τὴν ἱστορίαν τῆς Θείας Λειτουργίας. Ἀλλ᾽ ἡ ἱστορικὴ αὕτη ἀναφορὰ ἢ βεβαίωσις δὲν τελειοῖ τὰ στοιχεῖα τοῦ Μυστηρίου ἄνευ τῆς Ἐπικλήσεως. «Καὶ ποίησον, τὸν μὲν ἄρτον τοῦτον τίμιον σῶμα τοῦ Χριστοῦ σου, τὸ δὲ ἐν τῷ Ποτηρίῳ τούτῳ τίμιον αἷμα τοῦ Χριστοῦ σου, μεταβαλὼν τὸ Πνεύματί σου τῷ Ἁγίῳ». Ἐὰν ἡ χρῆσις τῆς ἱστορικῆς ἀναφορᾶς ἦτο ἀρκετή, οἱ ἀρχαῖοι Πατέρες θὰ τὸ ἐγνώριζον. Ἦτο λοιπὸν πλάνη τῆς Ἀρχαίας Ἐκκλησίας, μὴ γνωριζούσης, οὕτως εἰπεῖν, τὴν ὕπαρξιν μαγικῆς δυνάμεως εἰς τὴν ἐπανάληψιν τῶν Κυριακῶν Λογίων πρὸς τελείωσιν τοῦ Μυστηρίου; Αὐτὸ φαίνεται, ὅτι ἐννοεῖ ὁ Παπικὸς Δελεγάτος καλῶν τὴν Ἐπίκλησιν «δογματικὴν πλάνην» Βλέπετε, Σεβασμιώτατε, εἰς ποῖα ἄκρα φθάνομεν προσπαθοῦντες ἄνευ τῆς ἀγάπης νὰ ἑρμηνεύσωμεν τὰς διαφοράς μας; Ἀποδεικνύ-

---

[17] Rome and Eastern Churches, by A. Rogosh, σελ. 83.
[18] Ἔνθ᾽ ἀνωτ. σελ. 46.
[19] The Eastern Rites, by Am G Cicontani, σελ. 5-6.

ομεν ἑαυτοὺς μὴ σεβομένους ἀκόμη καὶ τοὺς Ἁγίους, διότι Ἅγιοι συνέθεσαν τὴν Λειτουργίαν.

Καὶ σήμερον ἐπαναλαμβάνομεν τὸ ἴδιον. Ἐν ᾧ οἱ κήρυκες τοῦ μίσους καὶ τῆς ἀθεΐας παρουσιάζουν ἀξιοθαύμαστον καὶ ἀξιομίμητον συνεργασίαν, ἡμεῖς οἱ ἐπαγγελόμενοι τοὺς κήρυκας τῆς Θρησκείας τῆς ἀγάπης καὶ τῆς θυσίας κρυπτόμεθα ὄπισθεν ἀντιχριστιανικῶν τυπικοτήτων, κρατοῦμεν ἑαυτοὺς εἰς ἀπόστασιν, ἄνευ ἐκδηλώσεως ἀγάπης, ἀφοῦ οὔτε κἂν ἑορτίους ἐπιστολὰς φιλίας καὶ κοινωνίας χαρᾶς καὶ θλίψεως δὲν ἀνταλλάσσομεν.

Ἀναφερόμενος εἰς τὰς προσπαθείας τῆς Ρώμης πρὸς ἕνωσιν τῶν Ἐκκλησιῶν καὶ δὴ δι' ἔναρξιν συνεργασίας καὶ συνεννοήσεως, τονίζετε ἐν τῇ ἐπιστολῇ Ὑμῶν τὸ γεγονός, ὅτι αἱ προσκλήσεις τοῦ Πάπα Πίου τοῦ 9ου καὶ τοῦ Πάπα Λέοντος τοῦ 13ου καὶ πάντων μέχρι τοῦ Πίου τοῦ 12ου ἀπερρίφθησαν ἀπὸ μέρους τῆς Ἀνατολικῆς Ὀρθοδόξου Ἐκκλησίας. Ἀλλ' ἡ πρόσκλησις τοῦ Πάπα Πίου τοῦ 9ου τόσον ἀπὸ ἀπόψεως τάξεως, ὅσον καὶ ἀπὸ ἀπόψεως περιεχομένου ἦτο ἀσύμφωνος πρὸς τὴν Παράδοσιν τῆς Ἐκκλησίας τῶν ὀκτὼ πρώτων αἰώνων. Ἰδοὺ τὰ γεγονότα.

Τῇ 3ῃ Ὀκτωβρίου τοῦ 1868 ὁ Πατριάρχης Γρηγόριος ὁ 6ος ἐδέχθη ἐν Κωνσταντινουπόλει εἰς ἀκρόασιν τοὺς ἀποσταλέντας Μοναχοὺς κομιστὰς τῆς προσκλήσεως τοῦ Πάπα Πίου τοῦ 9ου διὰ τὴν Σύνοδον τοῦ Βατικανοῦ. Ἀλλ' ὡς παρετήρησεν ὁ Πατριάρχης τὸ περιεχόμενον τῆς προσκλήσεως εἶχε δημοσιευθῇ εἰς τὰς ἐφημερίδας πρὶν ἢ παραδοθῇ. Ἔπειτα αἱ Οἰκουμενικαὶ Σύνοδοι δὲν καλοῦνται ἀποφάσει μόνον ἑνὸς Πατριάρχου, τοῦ τῆς Ρώμης, ἄνευ συνεννοήσεως καὶ συγκαταθέσεως τῶν ἄλλων ὁμοτίμων καὶ ἰσοβαθμίων Πατριαρχῶν Ἐτονίσθη ἐπίσης ὑπὸ τοῦ Πατριάρχου, ὅτι ἡ Ὀρθόδοξος Καθολικὴ Ἐκκλησία.δὲν εἶναι δυνατὸν νὰ δεχθῇ ἐπὶ ὕβρει τοῦ Ἁγίου Πνεύματος, ὅτι οἱ Ἀπόστολοι ἦσαν ἄνισοι, μήτε ὅτι ὑπάρχει Ἐπίσκοπος Ἐπισκόπων, μήτε ὁ Πατριάρχης ἢ ὁ Πάπας ἔσχον πρεσβεῖα ἕδρας οὐχὶ ἀπὸ συνοδικοῦ καὶ ἀνθρωπίνου δικαίου θεσπισθέντα, ἀλλὰ Θείῳ Δικαίῳ, ὡς διατείνονται οἱ Δυτικοί, διὰ τὸν Ἐπίσκοπον τῆς Ρώμης.[20]

Τὴν ἰδίαν τύχην εἶχε καὶ ἡ πρόσκλησις τοῦ Λέοντος τοῦ 13ου, διὰ τῆς ὁποίας ἐκάλει τὴν 20ὴν Ἰουνίου τοῦ 1894 τὴν Ὀρθόδοξον Ἐκκλησίαν εἰς Ἕνωσιν. Καὶ τοῦτο, διότι διὰ τῆς ἑνώσεως δὲν ἠννόει ἑνότητα ἐν τῇ πίστει, ὡς αὕτη ὑπῆρχε πρὸ τοῦ Σχίσματος, ἀλλ' ὑποταγὴν ἐν τῇ διοικήσει. Δὲν ἐξήτει συνεργασίαν καὶ ἰσοτιμίαν τῆς Ἱεραρχίας ἐπὶ τῇ βάσει τῶν Οἰκουμενικῶν Συνόδων καὶ τῶν Παραδόσεων καὶ ἐθίμων τῆς Καθολικῆς Ἐκκλησίας, ἀλλ' ἀναγνώρισιν αὐτοῦ ὡς ἄκρου Ἀρχιερέως, δυναμένου νὰ ἀποφαίνηται ὡς ἀνώτερος ὁμιλῶν πρὸς κατωτέρους.[21]

Οἱ Πατριάρχαι τῆς Ἀνατολῆς, μελετῶντες τὰ ἔγγραφα τῶν Παπῶν καὶ τὰς διοικητικὰς αὐτῶν ἀξιώσεις, δὲν ἠδύναντο πλέον νὰ διακρίνουν τὸν Ἐπίσκοπον Ρώμης ὡς συνάδελφόν των, ὡς τὸν primum inter pares, ὡς ἐγνώρισαν αὐτὸν αἱ Οἰκουμενικαὶ Σύνοδοι, ὅντινα ὀρθοδοξοῦντα ἀνεγνώρισαν ὡς στόμα τοῦ Παύλου καὶ τοῦ Πέτρου, κακοδοξοῦντα δὲ ἀνεθεμάτιζον ὡς τὸν Ὀνώριον καὶ Λιμπέριον καὶ πρὸ αὐτῶν τὸν Μαρκέλλον ὡς ἀποστατήσαντα εἰς τὴν πλάνην τῶν εἰδώλων. Διὰ τοῦ τύπου τῶν προσκλήσεων καὶ διὰ τῶν ἄλλων ἐγγράφων καὶ διὰ τῶν ἀπαιτήσεων τῆς ὑπηρεσίας τοῦ Παπικοῦ πρωτοκόλλου, περὶ γονυκλισίας τῶν ἄλλων Ἐπισκόπων πρὸ τοῦ Πάπα, παρου-

[20] Ἰ. Καρμίρη, Δογματικὰ Βιβλία, τόμ. ΙΙ, σελ. 927
[21] Αὐτόθι σελ. 932.

σιάζεται πρὸ τῶν ὀμμάτων τῶν Πατριαρχῶν τῆς Ἀνατολῆς ὁ Πάπας διάφορος, ἢ μᾶλλον ἀγνώριστος, ὡς ζητῶν ἀσυζητητὶ τὴν εἰς αὐτὸν ὑποταγὴν καὶ ὡς κηρύσσων ἑαυτὸν κέντρον τῆς Ἐκκλησίας καὶ ἀντιπρόσωπον τοῦ Χριστοῦ ἐπὶ τῆς Γῆς ἀλάθητον. Δὲν θὰ ἀπέρριπτον τὰς προσκλήσεις οἱ Πατριάρχαι τῆς Ἀνατολῆς, ἐὰν οἱ Πάπαι ἢ οἱ βοηθοὶ αὐτῶν ἐνεφοροῦντο ὑπὸ τοῦ πνεύματος τοῦ Πάπα Ἁγίου Γρηγορίου τοῦ Α΄. τοῦ Διαλόγου, ὅστις, ἀναγνωρίζων ἑαυτὸν ὡς τὸν πρῶτον Ἐπίσκοπον τῆς Ἐκκλησίας, ἠρνεῖτο νὰ θεωρῆται Ἐπίσκοπος τῶν Ἐπισκόπων, ἀλλ᾽ ἀδελφὸς ἰσότιμος καὶ ἰσοβάθμιος.

Καὶ σήμερον, ἐὰν ἡ ἡγεσία τῆς Ἐκκλησίας τῆς Ρώμης ἐπόθει τὴν ἕνωσιν, ὡς αὕτη ὑπῆρχε πρὸ τοῦ σχίσματος, θὰ ἔδει ἡ Α. Ἁγιότης ὁ Πάπας Πίος ὁ 12ος νὰ καλέσῃ τοὺς Πατριάρχας τῆς Ἀνατολῆς ὡς πρῶτος μεταξὺ ἴσων διὰ νὰ συζητήσῃ μετ᾽ αὐτῶν τὴν κατάστασιν, ἥτις ἐδημιουργήθη μετὰ τὸ 1054 πρὸς βλάβην τῆς προόδου τῆς Ἐκκλησίας καὶ δημιουργίαν μεγάλων δεινῶν διὰ τὴν ἀνθρωπότητα. Ποῖος Πατριάρχης θὰ ἀπέρριπτε τοιαύτην ἀδελφικὴν πρόσκλησιν, ἐρειδομένην ἐπὶ τῆς ἀγάπης καὶ δεικνύουσαν σεβασμὸν πρὸς τὰς σεβασμίας Παραδόσεις τῶν ὀκτὼ πρώτων αἰώνων; Ποῖος θὰ ἔλεγεν ὄχι εἰς τοιαύτην ἀγγελικὴν πρότασιν, ζητοῦσαν τὴν ἀπαρχὴν φιλικῶν σχέσεων μεταξὺ Ἀνατολῆς καὶ Δύσεως; Ποῖος θὰ ἔστρεφε τὰ νῶτα, ὅταν ἡ φωνὴ τῆς ἀδελφοσύνης ζητῇ συνεργασίαν καὶ ἀμοιβαίαν ἐμπιστοσύνην καὶ ἀγάπην πρὸς πραγμάτωσιν τοῦ ὡραίου ὀνείρου πρὸς ἕνωσιν, τὴν ὁποίαν σφοδρῶς ἐπιθυμοῦν καὶ τὰ δύο μέρη;

Εἶναι γεγονός, ὅτι τὴν ἀτμόσφαιραν αὐτὴν τῆς ἐγκαρδιότητος καὶ ἀδελφοσύνης καὶ φιλίας δὲν εὐνοεῖ ἡ ὑπὸ τοῦ Βατικανοῦ δημιουργηθεῖσα Οὐνιτικὴ κίνησις, ἥτις, ὡς συνειδητὴ ἢ ἀσυνείδητος ἀνταπόκρισις τῆς εὐθύνης αὐτοῦ διὰ τὴν δημιουργίαν τοῦ σχίσματος, σκοπὸν ἔχει νὰ εὕρῃ δι᾽ ἑαυτῆς λύσιν καὶ τρόπον ὑπαγωγῆς τῆς Ἀνατολικῆς Ἐκκλησίας εἰς τὴν Δυτικὴν ἐξουσίαν του.

Γράφετε ἐν τῇ ἐπιστολῇ Ὑμῶν, ὅτι ἀπὸ τὸ 1862 ὑπάρχει παρὰ τῷ Πάπα δρῶσα καὶ μελετῶσα τὰς Ἀνατολικὰς ὑποθέσεις «ἡ ἰσχυρὰ» ἐπὶ τῶν Ἀνατολικῶν ὑποθέσεων ἐπιτροπή. Ἀλλ᾽ ὅσον ἰσχυρὰ καὶ ἂν εἶναι αὕτη καὶ πλουσία, εἶναι ἀδύνατον νὰ ἐπιτύχῃ οἵαν ἕνωσιν σχεδιάζει μετὰ τῆς Ἀνατολῆς, δεδομένου ὅτι δὲν ἐπιδιώκει τὴν ἀποκατάστασιν τῆς ἀρχαίας τάξεως τῆς Ἐκκλησίας, ἀλλ᾽ ὑποταγὴν τῆς Ἀνατολῆς εἰς τὴν Δύσιν, ἢ ὡς λέγομεν ρωμαϊκοῦ τρόπου ἕνωσιν. Ἡ ὕπαρξις αὐτῆς καὶ ἡ δραστηριότης ἀπομακρύνει ἔτι μᾶλλον ἀπ᾽ ἀλλήλων τοὺς χριστιανοὺς θρησκευτικῶς καὶ κοινωνικῶς.

Ἐπὶ τοῦ ζητήματος τῶν ἐπιτυχιῶν τῆς Οὐνιτικῆς κινήσεως, τὰς ὁποίας παραθέτει ἐν τῇ ἐπιστολῇ Αὐτῆς ἡ Ὑμετέρα Σεβασμιότης, δύναμαι νὰ ἀναφέρω γεγονότα, ἅτινα παρουσιάζουν πᾶν ἄλλο ἢ ἐπιτυχίαν τῆς κινήσεως ταύτης. Ἀπὸ τοῦ 1936 μέχρι σήμερον, ἄνευ οὐδεμιᾶς ὑποκινήσεως τοῦ Πατριαρχείου Κωνσταντινουπόλεως, μόνον ἐν Ἀμερικῇ περὶ τὰς 75 χιλιάδας Οὐνῖται ἐπέστρεψαν εἰς τὴν Μητέρα τῶν Ὀρθόδοξον Καθολικὴν Ἐκκλησίαν, δύο δὲ νέοι Ἐπίσκοποι, ὁ Ἀγαθονικείας Ὀρέστης καὶ ὁ Εὐκαρπίας Μπογδάν, ἀνέλαβον τὴν εὐθύνην, ἀποδειχθέντες ὑπὸ τοῦ Ποιμνίου των καὶ ἐκλεγέντες ὑπὸ τοῦ Οἰκουμενικοῦ Πατριαρχείου, τῆς διαποιμάνσεως τῶν ἐπιστραφέντων Ὀρθοδόξων Καρπαθορρώσων καὶ Οὐκρανῶν. Αἱ ἐν τῇ Μέσῃ Ἀνατολῇ «ἡμερήσιαι ἐπανενώσεις μετὰ τῆς Ρώμης», ὡς γράφετε, δὲν εἶναι ἐνδεικτικαὶ τοῦ βάθους τῆς πίστεως, ἀλλὰ τοῦ διηνεκῶς αὐξανομένου πολιτικοῦ φόβου καὶ ἀποτέλεσμα τῶν βοηθημάτων, τὰ ὁποῖα ἀφειδῶς προσφέρει ἡ Δυτικὴ Ἐκκλησία πρὸς τοὺς δυστυχεῖς πρόσφυγας καὶ τὰ θύματα τοῦ φόβου καὶ τῶν

[54]

πολιτικῶν διωγμῶν. Διὰ τοῦτο δὲν θὰ ἔπρεπε νὰ δίδη κάνεὶς πίστιν εἰς στατιστικὰς καὶ εἰδήσεις σχετικὰς μὲ τοιούτου εἴδους ἔνωσιν.

Δὲν φαντάζομαι, ὅτι διαφεύγει τῆς προσοχῆς Ὑμῶν τὸ γεγονός, ὅτι παρομοία κίνησις πρὸς τὴν Δυτικὴν Οὐνιτικὴν ἐνεφανίσθη ἐν τῇ Ὀρθοδόξῳ Ἐκκλησίᾳ. Εἶναι ἡ κίνησις τῶν Λατινορρύθμων Ὀρθοδόξων, κίνησις ἀντιγράφουσα τὴν Οὐνιτικὴν τῶν Ἑλληνορθοδόξων Δυτικῶν. Ἐν Γαλλίᾳ καὶ ἐν Βελγίῳ ἡ κίνησις αὕτη, γέννημα τῆς μελέτης τῆς Πατριστικῆς Θεολογίας, λαμβάνει διηνεκῶς διαστάσεις. Ἐσχάτως ἀνέγνωσα ἐν τῇ ἐφημερίδι τοῦ Οἰκουμενικοῦ Πατριαρχείου «Ἀπόστολος Ἀνδρέας», ὅτι οἱ Λατινόρρυθμοι Ὀρθόδοξοι τῆς Γαλλίας ὑπέβαλλον ἔκθεσιν σχετικὴν πρὸς τὸ πρόγραμμά των πρὸς τὸν Παναγιώτατον Πατριάρχην Ἀθηναγόραν τὸν Α΄. Ἡ ἰδία κίνησις λαμβάνει ἐπέκτασιν καὶ ἐν Ἀμερικῇ. Οἱ Βασιλειανοὶ Πατέρες ἡγοῦνται τῆς κινήσεως ταύτης ἐν τῇ χώρᾳ ταύτῃ. Ἐν Νέᾳ Ὑόρκῃ καὶ ἀλλαχοῦ ἔχουν Ἐπισκόπους καὶ Ἱερεῖς τελοῦντας τὰ Μυστήρια κατὰ τὸν Λατινικὸν ρυθμόν, ὡς οἱ Παλαιοκαθολικοί, λέγοντες ὅτι εἶναι ἡνωμένοι μετὰ τῆς Ὀρθοδόξου Ἐκκλησίας, πιστεύοντες ὅσα ἐδογμάτισαν αἱ ἑπτὰ Οἰκουμενικαὶ Σύνοδοι. Πρὸς πληροφορίαν Ὑμῶν ἀποστέλλω βιβλιάρια καὶ τὸ Περιοδικὸν τῶν Ὀρθοδόξων Λατινορρύθμων Ἀμερικῆς, τὸ κέντρον τῶν ὁποίων εὑρίσκεται εἰς Νέαν Ὑόρκην, τὸ δὲ Μοναστήριον αὐτῶν εἰς τὸ 72 Kingsbridge Road, West Mount Vernon, N. Y.

Ἐπὶ τῆς κινήσεως ταύτης ἡ Ὀρθόδοξος Ἐκκλησία οὐδὲν ἐπισήμως εἶπεν, ὡς πρὸς τὴν ἐλπίδα, ὅτι δι' αὐτῆς θὰ ἐπιτύχῃ τὴν ἕνωσιν πείθουσα τὴν Δυτικὴν Ἐκκλησίαν νὰ ἐπιστρέψῃ εἰς ἣν θέσιν εὑρίσκετο πρὸ τοῦ Σχίσματος. Διὰ τοῦτο καὶ θεωρεῖται ἡ κίνησις αὕτη πρωτοβουλία μᾶλλον ἐλευθέρων ἐρευνητῶν τῆς ἀληθοῦς Ἐκκλησιαστικῆς Ἱστορίας καὶ τῆς Πατριστικῆς Θεολογίας, μὴ δεχομένων τὰ νεώτερα δόγματα τὰ θεσπισθέντα ὑπὸ τῆς ἡγεσίας τῆς Ῥωμαϊκῆς Ἐκκλησίας. Ἡ Ὀρθόδοξος Ἐκκλησία δὲν ζητεῖ τὴν ὑποταγὴν τῆς κινήσεως ταύτης, διὰ νὰ ἀναγνωρίσῃ αὐτήν, μήτε τὴν λειτουργικήν της ἀλλοίωσιν, μήτε καὶ χρηματικῶς ἐνισχύει αὐτήν. Ἁπλῶς δέχεται τὴν ὕπαρξίν της ὡς ὁμάδος μελέτης τῆς διδασκαλίας, ἥτις τὸ πάλαι ἐκράτει τὴν Δυτικὴν Ἐκκλησίαν ἡνωμένην μετὰ τῆς Ἀνατολικῆς.

Πλήν, ὑπάρχουσιν οἱ φρονοῦντες, ὅτι θὰ ἔδει οἱ Πατριάρχαι τῆς Ἀνατολῆς, συνερχόμενοι ἐπὶ τῷ αὐτῷ, νὰ ἀνακηρύξουν τὴν Λατινόρρυθμον ἑνωτικὴν κίνησιν μὲ τοὺς κληρικοὺς καὶ λαικοὺς αὐτῆς ἀκολούθους ὡς τὴν Ἁγίαν Δυτικὴν Ἐκκλησίαν, θεωρήσουν δὲ τὰ μέλη τῆς Ἱεραρχίας αὐτῆς τοὺς Ἀρχιερεῖς αὐτῆς ὡς Ἐπισκόπους in partibus infidelium μὲ ἔργον τὴν προσπάθειαν πρὸς ἐπιστροφὴν τῆς Σχισματικῆς Ῥώμης εἰς τὴν καθαρὰν πίστιν τῆς Καθολικῆς Ἐκκλησίας. Ὑπάρχουσιν οἱ ὑποδεικνύοντες τὴν ἐκλογὴν ἑνὸς ἐκ τῶν Λατινορρύθμων Ἐπισκόπων εἰς Πατριάρχην. Δι' αὐτοῦ, ἀναγνωριζομένου ὑπὸ τῶν Ὀρθοδόξων Πατριαρχῶν, θὰ διενηργεῖτο ἡ ἕνωσις Ἀνατολῆς καὶ Δύσεως. Ἀλλὰ πᾶς τις, κατανοῶν τὸ πνεῦμα τῆς ἐκκλησιαστικῆς τάξεως καὶ Παραδόσεως, θὰ διηρωτᾶτο ἂν αὕτη εἶναι ἡ μέθοδος, ἥτις ἀκολουθουμένη θὰ ἐγεφύρου τὸ χάσμα τοῦ Σχίσματος.

Δυστυχῶς ὅμως εἶναι ἀληθές, ὅτι δι' αὐτῆς τῆς μεθόδου ἐπιδιώκει ἡ Ῥωμαϊκὴ Ἐκκλησία διὰ τῆς Ἑλληνορρύθμου Δυτικῆς Ἱεραρχίας, τῆς Οὐνίας, τὴν ἕνωσιν. Αὐτὸ ἐπιδιώκεται διὰ τῆς «ἰσχυρᾶς», ὡς γράφετε, ἐπιτροπῆς παρὰ τῷ Πάπᾳ, τῆς μελετώσης τὰς ὑποθέσεις τῶν Ἀνατολικῶν Ἐκκλησιῶν. Αὐτὸ ἔχουν ὑπ' ὄψιν αἱ Παπικαὶ συστάσεις πρὸς εἰσαγωγὴν εἰς κάθε Θεολογικὴν Σχολὴν σπουδῶν ἐπὶ τοῦ λειτουργικοῦ ρυθμοῦ τῆς Ἀνατολῆς καὶ αὐτὸ σκοποῦν τὰ ἐτησίως ὀργανούμενα συνέδρια, ὡς τοῦ Φόρνταμ, τοῦ ὁποίου, ὡς μοὶ γράφετε, προηδρεύσατε ἐπανειλημμένως. Τοιούτου εἴδους προσπάθεια ἑκατέρωθεν δὲν εἶναι δυνατὸν νὰ ἐπιφέρῃ τὴν ἕνωσιν, ἀλλὰ διευρύνει τὸ χάσμα καὶ ἀντὶ συνεννοήσεως ἀπομακρύνει τοὺς Χριστιανοὺς τῆς Δύσεως καὶ τῆς Ἀνατολῆς ἀπ' ἀλλήλων πρὸς χαρὰν τοῦ διαβόλου καὶ τῶν ὀργάνων αὐτοῦ.

Ὄντως, ὡς παρατηρεῖ ἡ Ὑμετέρα Σεβασμιότης, ἡ Ὀρθόδοξος Ἐκκλησία θεωρεῖ τὴν ἀνάπτυξιν καὶ ἑρμηνείαν τῶν δογμάτων τῆς Ἐκκλησίας πλήρη, ἐκφρασθεῖσαν διὰ τῶν ὅρων καὶ ἀποφάσεων τῶν ἑπτὰ Οἰκουμενικῶν Συνόδων. Τούτους τοὺς ὅρους καὶ τὰς ἀποφάσεις θεωρεῖ ἀπαραιτήτους διὰ τὴν περιφρούρησιν τῆς πίστεως καὶ τὴν σωτηρίαν τῶν ἀνθρώπων καὶ θεμέλιον τῆς διδασκαλίας αὐτῆς, ἐρειδόμενον ἐπί τε τῆς γραπτῆς καὶ ἀγράφου Χριστιανικῆς Παραδόσεως. Αἱ μετὰ τὸ Σχίσμα προσθῆκαι εἰς τὴν Δογματικὴν διδασκαλίαν, αἱ ἐπινοηθεῖσαι εἰς τὴν Δύσιν, ὄχι μόνον δὲν ἔχουν ῥίζαν εἰς τὴν Χριστιανικὴν Παράδοσιν, ὄχι μόνον δὲν συνετέλεσαν εἰς τὴν αὔξησιν τῆς πίστεως, ἀλλ' ἐγένοντο αἰτία νεωτέρου διχασμοῦ ἐν τῷ σώματι τῆς Δυτικῆς Ἐκκλησίας. Ἐννοῶ τοὺς ἀποκοπέντας Παλαιοκαθολικοὺς λόγῳ τῶν ἀποφάσεων τῆς τελευταίας Συνόδου ἐν τῷ Βατικανῷ. Διὰ τοῦτο βάσις τῶν προσπαθειῶν πρὸς ἐπίτευξιν τῆς ἑνώσεως δὲν εἶναι δυνατὸν νὰ θεωρηθῇ ἄλλη, εἰ μὴ ἡ διδασκαλία ἡ ἐπισήμως θεσπισθεῖσα διὰ τῶν ὅρων καὶ ἀποφάσεων τῶν ἑπτὰ Οἰκουμενικῶν Συνόδων.

Βεβαίως, εἰς τὴν σύνθεσιν τῶν ἀποφάσεων τούτων συμμετέσχεν ἡ ἀντιπροσωπεία τῶν Ἁγιωτάτων Πατριαρχῶν τῆς Δύσεως, οἵτινες, ὡς παρατηρεῖτε ἐν τῇ ἐπιστολῇ Ὑμῶν, «Πρῶτοι οὗτοι ὑπέγραφον». Ἀλλὰ ποίαν σημασίαν ἔχει, ἐὰν ὑπέγραφον πρῶτοι ἢ ἔσχατοι; Ἡ Χριστιανικὴ Ὀρθοδοξία, ἡ διὰ τῶν ὅρων καὶ ἀποφάσεων τούτων ἐκφρασθεῖσα, εἶναι τὸ σημαῖνον. Εἰς τοὺς ὅρους καὶ τὰς ἀποφάσεις τῶν ἑπτὰ Οἰκουμενικῶν Συνόδων εὑρίσκομεν, ἐκτὸς τῶν ἄλλων, καὶ τὴν περὶ τοῦ πρωτείου τῶν Ἐπισκόπων Ῥώμης ἀληθῆ ἔννοιαν. Οὐδαμοῦ δὲν στηρίζονται αἱ ἀποφάσεις τῶν νεωτέρων Δυτικῶν Συνόδων, ἐν αἷς ὁ Ἐπίσκοπος Ῥώμης ἀντικατέστησε τὰς Οἰκουμενικὰς Συνόδους ἀνακηρυχθεὶς ἀλάθητος, ὅταν ἀπὸ Καθέδρας ἀποφαίνεται Καὶ τοῦτο non ex concensu Ecclesiae, ἀλλ' ἐκ τῆς ἰδίας αὐτοῦ αὐθεντίας, ὡς διαδόχου τοῦ Πέτρου καὶ ἀντιπροσώπου τοῦ Χριστοῦ ἐπὶ τῆς Γῆς.

Ὅταν τῷ 404 μ. Χ. ἡ ψευδοσύνοδος παρὰ τὴν Δρῦν κατεδίκασεν εἰς ἐκθρόνισιν καὶ ἐξορίαν τὸν Πατριάρχην Κωνσταντινουπόλεως Ἅγιον Ἰωάννην τὸν Χρυσόστομον, οὗτος μετὰ τῶν φίλων αὐτοῦ ἀπηύθυνεν ἐπιστολὰς πρὸς τοὺς Ἐπισκόπους τῶν κυριωτέρων ἑδρῶν τῆς Δύσεως, πρὸς τὸν Ῥώμης Ἰννοκέντιον, τὸν Μιλάνου Βενέριον, τὸν Ἀκυληίας Χρωμάτιον, ζητῶν τὴν ἀδελφικὴν αὐτῶν ὑποστήριξιν καὶ βοήθειαν. Τότε ὁ Πάπας Ἰννοκέντιος, ἀπαντῶν, ἐνεθάρρυνε τοὺς διωκομένους, λέγων ὅτι τὰ δεινὰ αὐτῶν θὰ λήξουν δι' Οἰκουμενικῆς Συνόδου, διὰ τὴν σύγκλησιν τῆς ὁποίας εἰργάσθη. Καὶ ἐὰν δὲν ἀνεγνώριζεν ὁ Πάπας οὗτος εἰς ἑαυτὸν τὸ δικαίωμα ἀποφάσεως ἐπὶ ζητημάτων εὑρισκομένων ἐμφανέστατα ἐντὸς τῶν ὁρίων τῆς δικαιοσύνης καὶ τῶν ἱερῶν Κανόνων, πόσον μᾶλλον θὰ ᾑρνεῖτο ἄνευ Συνόδου νὰ ἀποφανθῇ ἐπὶ ζητημάτων Δογματικῶν. Οἱ ἀρχιτέκτονες τῆς θεωρίας τοῦ ἀλαθήτου δὲν εἶχον ἀκόμη ἐμφανισθῆ καὶ δι' αὐτὸ ἡ σκέψις τοῦ Πάπα Ἰννοκεντίου παρουσιάζει τὴν ἀθωότητα τῆς τάξεως τῶν Παραδόσεων τῆς ἀδιαιρέτου Ἐκκλησίας.

Ἀκριβῶς ἐπὶ τῆς τάξεως ταύτης τῆς Χριστιανικῆς Παραδόσεως, ἣν ἐξέφρασεν ὁ Πάπας Ἰννοκέντιος ἐν τῷ ζητήματι τοῦ Ἁγίου Ἰωάννου τοῦ Χρυσοστόμου, βασίζεται ή θέσις τής 'Ανατολικής 'Εκκλησίας, ώς πρός τά δόγματα γενικώς καί δή καί τά έν τή Δύσει θεσπισθένα έν τοις έσχάτοις τούτοις χρόνοις, τό τής 'Ασπίλου Συλλήψεως καί τό τής εις Ουρανούς σωματικής αναλήψεως τής Θεοτόκου καί αειπαρθένου Μαρίας. Μόνον Οικουμενική Σύνοδος, κατανοούσα τήν ανάγκην τής εκφράσεως αυτών ώς δογμάτων, βασιζομένων επί τής 'Αποκαλύψεως, δύναται μετ' αυθεντίας νά τά καθορίση αλαθήτως, ώς πρός τήν σωτηρίαν συντελεστικά δόγματα τής πίστεως ήμών.

Καί ώς πρός τό δόγμα τής 'Ασπίλου Συλλήψεως τής Θεοτόκου Μαρίας, περί τού όποίου γράφετε, ότι «πάντοτε έπιστεύετο ύπό τών Χριστιανών» καί μόνον όταν ό Πάπας τό άνεκήρυξε «έξεδηλώθη άρνησις έν 'Ανατολή», παραδεχόμεθα, ότι τό δόγμα τούτο ύπηγορεύθη ύπό τής εύλαβείας καί τής αγάπης πρός τήν Θεοτόκον Μαρίαν. 'Αλλ' ή 'Ορθόδοξος 'Εκκλησία, αδιαμφισβήτητον εκδηλούσα εύλάβειαν καί αγάπην πρός τήν Θεοτόκον, δέν εύρε τήν Χριστιανικήν Παράδοσιν, τήν τε γραπτήν καί άγραφον, δεχομένην τήν δυνατότητα γεννήσεως ανθρωπίνου όντος, άνευ τού προπατορικού αμαρτήματος, σεσωσμένου δηλονότι πρό τής σωτηρίας, ήν εκομίσατο τώ κόσμω τών πεπτωκότων ή ένσαρκος οικονομία τού Υίού καί Λόγου τού Θεού. Μόνον μίαν άσπιλον σύλληψιν, μετά τήν πτώσιν, εγνώρισεν ή ιστορία, τήν τού Κυρίου ήμών 'Ιησού Χριστού. Πάσα άλλη θεωρουμένη ώς τοιαύτη καί έξ εύλαβείας ακόμη εκφραζομένη, ώς δύναταί τις κάλλιστα νά ύπολάβη τήν επί τού ζητήματος τούτου Βούλαν τού Πάπα Πίου τού 9ου, Ineffabilis Deus, άγει εις συμπεράσματα αντιτιθέμενα πρός τήν Χριστιανικήν Παράδοσιν καί επικίνδυνα, ώς μειούντα καί περιορίζοντα τήν γενικότητα τής σωτηριώδους ενεργείας τού Κυρίου. "Οντως, ή ύπερτάτη αγιότης τής Θεοτόκου Μαρίας, ή ανυπέρβλητος καθαρότης, ήν κατειργάσατο επί τήν φύσιν Αύτής τό Πνεύμα τό "Αγιον κατά τόν Εύαγγελισμόν, ή αειπαρθενία Αύτής, ή Θεομητορική Αύτής ιδιότης, ή πληθύς τών αρετών καί πνευματικών δυνάμεων, ή πρός τούς πιστούς βοήθεια, ενέπνευσαν πολλούς τών Πατέρων καί Χριστιανών Ρητόρων, ίνα ομιλήσουν περί τής Θεοτόκου κατά τρόπον λεκτικώς πλησιάζοντα τήν άποψιν, έφ' ής βασιζόμενοι οι θεολόγοι τής Δύσεως έγιναν αφορμή, ίνα ό Πάπας διακηρύξη τό 1854 τό δόγμα τής 'Ασπίλου Συλλήψεως. 'Αλλά τά ρητορικά σχήματα καί αι ποιητικαι εξάρσεις, όσον καί άν είναι εύσεβείας δείγματα, vestigia pietatis, εάν δέν έχουν βάσιν έκδηλον τήν χριστιανικήν 'Αποκάλυψιν, δέν είναι δυνατόν νά αναχθούν εις στοιχεία τής χριστιανικής ορθοδόξου πίστεως, απαιτούντα παραδοχήν πρός σωτηρίαν τού ανθρώπου.

Τήν αύτήν θέσιν ετήρησεν ή 'Εκκλησία καί επί τού εσχάτως ανακηρυχθέντος δόγματος τής σωματικής αναλήψεως τής Θεοτόκου Μαρίας. 'Η Α.Α. ό Πάπας Πίος ό 12ος έν τή εγκυκλίω αυτού Munificentissimus Deus, δι' ής κηρύσσει ύποχρεωτικήν τήν παραδοχήν τού δόγματος τής 'Αναλήψεως διά τούς Χριστιανούς τής Δυτικής 'Εκκλησίας, προσπαθεί νά αποδείξη τήν θέσιν τού δόγματος έν τή Πατριστική σκέψει. Εύρίσκει εκφράσεις έκ τών τής 'Ανατολής μόνον εις τόν "Αγιον 'Ιωάννην τόν Δαμασκηνόν, τόν "Αγιον Γερμανόν Πατριάρχην Κωνσταντινουπόλεως καί εις τό αποδιδόμενον εις τόν Πατριάρχην 'Ιεροσολύμων Μόδεστον εγκώμιον επί τή Κοιμήσει τής Θεοτόκου. Αι έκ τών Δυτικών θεολόγων μαρτυρίαι, τάς όποίας αναφέρει ή Παπική εγκύκλιος, δέν φέρουν τήν σφραγίδα τής αρχαιότητος.[22] 'Αλλά καί αι 'Ανατο-

---

22 The Dogma of the Assumption. The Paulist Fathers Press, σελ. 12-14.

λικαί, εὑρισκόμεναι ἐντὸς τοῦ πλαισίου τῆς προσωπικῆς ἀντιλήψεως, δὲν ἔχουν τὴν σφραγῖδα τῆς Ἐκκλησιαστικῆς αὐθεντίας.

Πολλὰ ἐγράφησαν ὑπὸ τῶν Ὀρθοδόξων θεολόγων διὰ τὸ ζήτημα τοῦτο. Ταπεινῶς φρονῶ, ὅτι αἱ ὀρθόδοξοι ἀπόψεις ἐξεφράσθησαν ἀκριβοδικαίως ὑπὸ τοῦ Ἀρχιεπισκόπου Ἀμερικῆς Σεβασμιωτάτου κ Μιχαὴλ καὶ τοῦ Ρώσου Ὀρθοδόξου λαϊκοῦ θεολόγου κ Pierre Kovalesky Ὁ Ἀρχιεπίσκοπος Μιχαὴλ γράφει:

«Ἐδογμάτισεν ἡ Ἐκκλησία προκειμένου καὶ περὶ τῆς Παναγίας, μόνον ἐφ' ὅσον ἐπρόκειτο περὶ τοῦ κεφαλαίου τῆς ψυχικῆς μας σωτηρίας, ὅταν ἀπεφάνθη περὶ τῆς ἐξ Αὐτῆς γεννήσεως τοῦ Σωτῆρος Καὶ εἶπεν, ὅτι «Παρθένος ἔτεκε καὶ Παρθένος ἔμεινε» καὶ εἶναι «Θεοτόκος οὐχὶ δὲ καὶ χριστοτόκος». Περὶ δὲ τῆς Κοιμήσεώς Της πιστεύει ἡ Ἐκκλησία, ὅτι «τῇ τρίτη ἡμέρα, μετὰ τὴν ταφὴν Αὐτῆς, ἐπιφαίνεται ἡ Θεοτόκος ἐν τῷ ἀέρι, λέγουσα τοῖς Ἀποστόλοις: χαίρετε Ἐξ ὧν ἐπέγνωσαν τὴν εἰς οὐρανοὺς ἔνσωμον μετάστασιν τῆς Θεοτόκου» Ἐξ ἀρχαιοτάτης παραδόσεως παρέλαβεν αὐτὰ ἡ Ἐκκλησία».[23]

Αἱ ἀπόψεις τοῦ Καθηγητοῦ Κοβαλέσκυ ἐδημοσιεύθησαν εἰς τὴν ἐφημερίδα "Le Monde" τῶν Παρισίων (Ὀκτ 19, 1950) Ἀντίρρησιν τῶν ἀπόψεων τούτων ἀνέγνωσα εἰς τὸ περιοδικὸν "Unitas" Volume II, σελ 225, τῆς ἐν Ρώμη ὁμωνύμου ὀργανώσεως. Σκέψεις ἐρειδομένας ἐπὶ τῆς Χριστιανικῆς Παραδόσεως ὁ ἀρθρογράφος τῆς "Unitas" προσεπάθησε νὰ διασαλεύσῃ, χωρὶς ὅμως νὰ πείσῃ ἴσως καὶ τὸν ἑαυτόν του Εἶναι ὄντως περίεργον, διατὶ ὁ ἀρθρογράφος οὗτος θεωρεῖ ὡς «νεωτέραν» τὴν ἄποψιν, καθ' ἣν τὸ δόγμα, ἀπορρέον ἐκ τῆς Θείας Ἀποκαλύψεως, ἐκφραζόμενον ὑπὸ τῶν Οἰκουμενικῶν Συνόδων, ἀποτελεῖ στοιχεῖον τῆς πίστεως καὶ γίνεται δεκτὸν ὑφ' ὁλοκλήρου τῆς Ἐκκλησίας Δὲν ἦτο ὁ τρόπος οὗτος δι' οὗ ἐξέφραζε τὰ δόγματα τῆς πίστεως ἡ ἀδιαίρετος Ἐκκλησία, πιεζομένη πολλάκις ὑπὸ τῆς αἱρέσεως ἢ ἀρνήσεως ἢ διαμφισβητήσεως, ἵνα ἐκφράσῃ ὡς ἑρμηνεὺς ἀλάθητος διὰ Συνόδου τὸ νόημα τῆς ὀρθοδόξου χριστιανικῆς διδασκαλίας; Αὐτὸ ἀκριβῶς εἶναι τὸ νόημα τοῦ ρωσικοῦ ὅρου "sobornost" (συνοδικότης). Δὲν εἶναι ἡ ἔννοια αὕτη νεωτέρα. Τοὐναντίον εἶναι ἀρχαία, ὅσον καὶ αἱ Σύνοδοι Ἡ ἱστορία εἶναι μάρτυς τῆς ἀληθείας ταύτης. Δὲν δύναται ὅμως ἡ ἱστορία νὰ μαρτυρήσῃ τὴν ἀρχαιότητα τῶν ἀπόψεων τοῦ ἀρθρογράφου τῆς "Unitas", μήτε καὶ τὰς ἀπόψεις, ἃς ἐκθέτει ἡ Ὑμετέρα Σεβασμιότης ἐν τῇ τρίτη σελίδι τῆς ἐπιστολῆς Αὐτῆς «Καθορισμὸς τῆς διδασκαλίας ὑπὸ τοῦ Πάπα εἶναι ἁπλῶς σφραγὶς βεβαιοῦσα, ὅτι ἡ διδασκαλία ἐπιστεύετο ἐν τῇ ζωῇ τῆς Ἐκκλησίας». Καθ' ἡμᾶς, τὴν σφραγῖδα ταύτην μόνον Οἰκουμενικὴ Σύνοδος δύναται νὰ ἔχῃ καὶ δὴ ἀποφαινομένη ἐν Πνεύματι Ἁγίῳ ἐπὶ διδασκαλίας σχέσιν ἐχούσης πρὸς τὴν σωτηρίαν τοῦ ἀνθρώπου καὶ ἐμφανῶς μαρτυρουμένης ὑπὸ τῆς Θείας Ἀποκαλύψεως.

Ἀλλὰ ποία ἡ ἀνάγκη τῆς συνδέσεως τῆς σωτηρίας τῶν ψυχῶν μὲ τὴν μετάστασιν τῆς Θεοτόκου; Διότι αὐτὸ ἐννοεῖ ἡ ἀνακήρυξις αὐτῆς εἰς δόγμα Δὲν εἶναι ἀρκετὴ ἡ πνευματικὴ ἀνάνηψις, τὴν ὁποίαν οἱ πιστοὶ λαμβάνομεν ἐκ τῶν πρὸς τὴν Ἁγίαν Παρθένον ἀφιερωμένων ἑορτῶν καὶ ἀκολουθιῶν, ἵνα τῇ χειραγωγίᾳ Αὐτῆς καὶ τῇ πρεσβείᾳ πλησιάσωμεν τὴν πηγὴν τῆς σωτηρίας, τὸν Υἱὸν καὶ Θεὸν τῆς Παναγίας, τὸν Ἰησοῦν Χριστόν, Κατὰ τὰς Παραδόσεις, καὶ ὁ Ἰωάννης ὁ Θεολόγος μετέστη. Ἀλλ' ἡ Ἐκκλησία δὲν ἀνεκήρυξε

---

[23] «Ὀρθόδοξος Παρατηρητής», Ἔτος 20όν, ἀριθ. 413.

δόγμα τὴν μετάστασιν τοῦ 'Αποστόλου, διὰ νὰ μὴ τὴν συνδέσῃ μὲ τὴν σωτηρίαν τῶν ἀνθρώπων, καίτοι ἑορτάζει αὐτὴν τὴν 26ην Σεπτεμβρίου Κατὰ ταῦτα ταπεινῶς φρονῶ, οὐχὶ ἀδικαιολογήτως, ὅτι διὰ τοιούτων Δογματικῶν ἀποφάσεων ἡ Δυτικὴ 'Εκκλησία δὲν συμβάλλει εἰς τὴν αὔξησιν τῆς πίστεως τῶν χριστιανῶν, μήτε προστατεύει αὐτήν, ἀλλ' ἀφ' ἑνὸς μὲν εὐρύνει τὸ χάσμα τοῦ χωρισμοῦ μεταξὺ ἀλλήλων καὶ ἀφ' ἑτέρου συστέλλει τὴν δεκτικότητα τῶν ἀνθρώπων, ὡς πρὸς τὴν ἀποδοχὴν τῶν ἀληθειῶν τῆς Χριστιανικῆς Θρησκείας, τῶν πρὸς σωτηρίαν ἀπαραιτήτων.

Διάφορον στάσιν ἐτήρησε καὶ τηρεῖ ἡ 'Ορθόδοξος Καθολικὴ 'Εκκλησία διὰ μέσου τῶν αἰώνων. Θεωρεῖ τὴν ὑπὸ τῶν Οἰκουμενικῶν Συνόδων ἀλάθητον ἑρμηνείαν ἱκανὴν πρὸς σωτηρίαν, ἀλλὰ καὶ τὴν συνεργασίαν καὶ σύσκεψιν μετὰ τῶν ἄλλων χριστιανικῶν ὁμάδων ἀπαραίτητον στοιχεῖον πρὸς καλλιέργειαν τῆς ἀγάπης καὶ συνεργασίας, ἡ ὁποία σκοπὸν ἔχει νὰ φέρῃ τοὺς Χριστιανοὺς πλησιέστερον πρὸς ἀντιμετώπισιν κοινὴν τῶν προβλημάτων καὶ τῶν κινδύνων, οἱ ὁποῖοι ἀπειλοῦν τὸν χριστιανικὸν κόσμον καὶ πρὸς κατανόησιν τῆς ἀνάγκης τῆς ἑνώσεως ἐν τῇ πίστει ὑπὸ τὸν αὐτὸν ποιμένα, τὸν Κύριον ἡμῶν καὶ Σωτῆρα 'Ιησοῦν Χριστόν

'Αναμφισβητήτως, ὡς γράφετε, ἡ Ρωμαϊκὴ 'Εκκλησία, τόσον ἐν 'Αμερικῇ ὅσον καὶ ἀλλαχοῦ, παρουσιάζει σπουδαίαν κοινωνικὴν πρόνοιαν, περιοριζομένην ὅμως, ὡς ἐπὶ τὸ πλεῖστον, ἐντὸς τῆς Ποίμνης αὐτῆς. 'Η μετὰ τῶν ἄλλων χριστιανικῶν ὁμάδων συνεργασία αὐτῆς ἐπὶ τοῦ πεδίου τούτου δὲν παρουσιάζει δυναμικὴν συμβολήν. Καὶ εἰς τὸ ζήτημα τῆς ἀντιμετωπίσεως τοῦ κινδύνου τοῦ Κουμμουνισμοῦ, ἐνῷ αἱ ἐνέργειαι τῆς Ρωμαϊκῆς 'Εκκλησίας, καθ' ἑαυτὰς, μὲ ἐπὶ κεφαλῆς τὸν Πάπαν, εἶναι σπουδαῖαι καὶ δυναμικαί, εἰς τὴν μετὰ τῶν ἄλλων συνεργασίαν πρὸς δημιουργίαν κοινοῦ μετώπου δὲν παρουσιάζονται πλαισιωμέναι μὲ τὸ σθένος καὶ τὴν ἐμμονὴν καὶ τὴν ἀναμενομένην ἐγκαρδιότητα 'Οποίαν δύναμιν θὰ παρουσίαζεν ὁ Χριστιανικὸς Κόσμος ἔναντι τῆς ἀπειλῆς τοῦ Κουμμουνισμοῦ καὶ τῆς ἁμαρτίας, ἐὰν ἐλάμβανε τὴν πρωτοβουλίαν σχηματισμοῦ κοινοῦ μετώπου ἡ 'Εκκλησία τῆς Ρώμης! 'Η ἐπίδρασις τῶν Χριστιανῶν θὰ ἦτο ἀνυπολόγιστος ἐπὶ ὅλου τοῦ κόσμου· θὰ ἠνοίγετο δὲ ἡ θύρα φιλίας καὶ συνεργασίας καὶ συναδελφώσεως διὰ τῆς καλλιεργείας τῆς ἀγάπης πάντων τῶν ὁμολογούντων Σωτῆρα καὶ Θεὸν τὸν Κύριον ἡμῶν

Αἱ γνωσταὶ διαφοραὶ δὲν εἶναι ἐμπόδιον διὰ τὸ ἔργον τοῦτο. 'Η 'Ορθόδοξος Καθολικὴ 'Εκκλησία ἔχει βαθυτάτην συνείδησιν τῶν περὶ τὴν πίστιν διαφορῶν τόσον πρὸς τὴν Ρωμαϊκὴν 'Εκκλησίαν ὅσον καὶ πρὸς τὰς Προτεσταντικὰς 'Ομολογίας. Πλήν, εὑρίσκει ἐπιτακτικὸν τὸ καθῆκον τῆς μετὰ πάντων τῶν Χριστιανῶν συνεργασίας πρὸς προστασίαν τοῦ πολιτισμοῦ, ὡς καὶ τὴν ἔκθεσιν τῶν κεφαλαίων τῆς πίστεως, συντελεστικὴν διὰ τὸν μέγαν καὶ ἱερὸν σκοπὸν τῆς τῶν πάντων ἑνώσεως Τὸ ῥητὸν ὅπερ ἀναφέρετε ὡς ὑποχρεωτικὸν διὰ τὴν Ρωμαϊκὴν 'Εκκλησίαν, «ἠθικὴ ἄνευ δόγματος εἶναι ἀδύνατος», καὶ διὰ τὴν 'Ορθόδοξον 'Εκκλησίαν εἶναι ὑποχρεωτικόν, καθ' ὅτι ἀπορρίπτει αὕτη τὴν ἀνθρωπιστικὴν ἄποψιν τῆς αὐτονόμου ἠθικῆς, καθ' ἣν ὑπάρχει δυνατότης ἠθικῆς ἄνευ Θρησκείας.

'Αλλ' αἱ δογματικαὶ διαφοραί, αἱ ὁποῖαι χωρίζουν τοὺς Χριστιανούς, εἰς τὸ πεδίον τῆς ἠθικῆς δὲν φαίνονται Καὶ ἰδού, ἐν τῷ Προτεσταντικῷ κόσμῳ εὑρίσκομεν τὴν Χριστιανικὴν ἠθικὴν ζῶσαν καὶ δὴ καὶ βασιζομένην ἐπὶ τῆς Καινῆς Διαθήκης. 'Ο νόμος τῆς ἀγάπης, ἐφ' οὗ στηρίζεται ἡ Χριστιανικὴ ἠθική, δὲν ἠλλοιώθη παρὰ τοῖς Προτεστάνταις, παρ' ὅλας τὰς περὶ τὰ δόγματα καὶ τὴν ἑρμηνείαν τῶν Ἁγίων Γραφῶν ὑποκειμενικὰς ἀπόψεις. Διὰ τοῦτο δὲν δυνάμεθα, παρὰ νὰ δεχθῶμεν, ὅτι, καίτοι περὶ τὴν πίστιν τῆς Μιᾶς, Ἁγίας, Καθολικῆς καὶ Ἀποστολικῆς Ἐκκλησίας ὁ Προτεσταντικὸς κόσμος παρουσιάζει ἐλλείψεις, ἐν τῇ σφαίρᾳ τῆς Χριστιανικῆς ἠθικῆς ζωῆς, ἐκτὸς ὀλίγων ἐξαιρέσεων, παρουσιάζει ἔκτακτον φαινόμενον καὶ ἐν πολλοῖς παραδειγματίζει ἡμᾶς τοὺς Ἀνατολικοὺς καὶ Δυτικοὺς Χριστιανούς, τοὺς διὰ τὴν ἀκεραιότητα περὶ τὴν πίστιν καυχωμένους.

Δὲν δυνάμεθα νὰ εἴπωμεν, ὅτι οἱ Προτεστάνται δὲν εἶναι Χριστιανοὶ καὶ ἑπομένως, ἐφαρμόζοντες τὴν ἀρχὴν «ἠθικὴ ἄνευ θρησκείας εἶναι ἀδύνατος», νὰ καταλήξωμεν εἰς τὸ συμπέρασμα, ὅτι ἡ μετ’ αὐτῶν συνεργασία ἀποκλείεται. Τὸ γεγονός, ὅτι ἐν αὐτοῖς ἀνεβίωσαν ἀρχαῖαι τινὲς αἱρέσεις δὲν αἴρει ἀπ’ αὐτῶν τὸν χαρακτῆρα τοῦ βαπτίσματος ὡς καὶ ἡ Ἀρχαία Ἐκκλησία ἐδέχετο. Ἦτο ἄλλως τε ἄποψις τῆς Ρωμαϊκῆς Ἐκκλησίας, ἐκφρασθεῖσα ὑπὸ τῶν Παπῶν Στεφάνου καὶ Σίξτου κατὰ τῶν περὶ ἀναβαπτισμοῦ τῶν αἱρετικῶν προθέσεων τοῦ Ἁγίου Κυπριανοῦ Ἐπισκόπου Καρχηδόνος καὶ τοῦ Ἁγίου Διονυσίου Πατριάρχου Ἀλεξανδρείας. Καίτοι παρουσιάζεται ὡς πρὸς τὸ βάπτισμα τῶν ἐπιστρεφόντων αἱρετικῶν διακύμανσις ἀπόψεων, ὅμως ἡ Ἀρχαία Ἐκκλησία, ὡς ἐπὶ τὸ πλεῖστον, ἐδέχετο αὐτοὺς διὰ τοῦ Μυστηρίου τοῦ Χρίσματος, ὡς μέχρι σήμερον δέχεται αὐτοὺς ἡ Ὀρθόδοξος Καθολικὴ Ἐκκλησία.[24]

Ἐπὶ τῆς πράξεως ταύτης τῆς Ἀρχαίας Ἐκκλησίας καὶ ἐπὶ τῶν ἐκδηλώσεων ἀγάπης καὶ πίστεως τοῦ Προτεσταντικοῦ κόσμου πρὸς τὸν Ἰησοῦν Χριστὸν καὶ ἐπὶ τοῦ ἔργου αὐτοῦ πρὸς διάδοσιν τῶν Ἁγίων Γραφῶν βασιζομένη ἡ Ὀρθόδοξος Ἐκκλησία δὲν ἀρνεῖται τὸν χαρακτῆρα τοῦ Χριστιανοῦ εἰς τοὺς Προτεστάντας, μήτε διστάζει νὰ ἀνακηρύξῃ τὴν ἐν αὐτοῖς παρουσίαν στοιχείων τινῶν τῆς Ἐκκλησίας "Vestigia Ecclesiae."

Ποῖοι, ἄλλως τε, εἴμεθα ἡμεῖς οἵ τε δυτικοὶ καὶ οἱ ἀνατολικοὶ χριστιανοί, ἵνα ἀρνηθῶμεν εἰς ἄλλους τὸν τίτλον τοῦ χριστιανοῦ καὶ δεχθῶμεν ἔλλειψιν τῶν χαρακτηριστικῶν τῆς χριστιανικῆς ἠθικῆς ἐν τῇ ζωῇ αὐτῶν; Ἰδοὺ τί λέγει πρὸς ἡμᾶς ὁ Ἀπόστολος Παῦλος: «Σὺ τίς εἶ ὁ κρίνων ἀλλότριον οἰκέτην; Τῷ ἰδίῳ Κυρίῳ στήκει ἢ πίπτει· σταθήσεται δέ· δυνατὸς γάρ ἐστιν ὁ Θεὸς στῆσαι αὐτόν… Τί ἐξουθενεῖς τὸν ἀδελφόν σου; Πάντες γὰρ παραστησόμεθα τῷ βήματι Χριστοῦ».[25] «Ἐὰν οὖν ἡ ἀκροβυστία τὰ δικαιώματα τοῦ νόμου φυλάσσῃ, οὐχὶ ἡ ἀκροβυστία … εἰς περιτομὴν λογισθήσεται;»[26] Ἑπομένως, κατ’ ἀναλογίαν, δὲν δυνάμεθα νὰ ἀρνηθῶμεν, ὅτι ὑπάρχουν στοιχεῖα τῆς Ἐκκλησίας εἰς τοὺς ἐκτὸς Αὐτῆς "extra muros" ὁμολογοῦντας τὸν Χριστὸν ὡς Θεὸν καὶ Σωτῆρα.

Ἔχουσα τοιαύτην ἀντίληψιν ἡ Ὀρθόδοξος Ἐκκλησία παρουσιάζει καὶ συμμετέχει καὶ συμμελετᾷ τὰ κεφάλαια τῆς πίστεως καὶ μετὰ Ρωμαιοκαθολικῶν καὶ μετὰ Προτεσταντῶν, θέτουσα ὑπ’ ὄψιν αὐτῶν τὴν πίστιν τῆς Μιᾶς, Ἁγίας, Καθολικῆς καὶ Ἀποστολικῆς Ἐκκλησίας, τῶν ὀκτὼ πρώτων αἰώνων, ὡς μέχρι τοῦδε ἐφυλάχθη ἐν Αὐτῇ ἀνόθευτος καὶ ἀναλλοίωτος. Τόσον εἰς Λάμπεθ καὶ εἰς τὸ Ἄμστερνταμ, ὅσον καὶ τὴν Λοῦντ καὶ τὸ Ἔβανστον τὸν παρελθόντα Αὔγουστον, ἐρωτώμενοι οἱ Ὀρθόδοξοι ἀντιπρόσωποι ὑπὸ τῶν

24 Εὐσεβίου, Ἐκκλησ. Ἱστορία, βιβλίον 8ον, II, III.
25 Ρωμ. 14, 4-10.
26 Ρωμ. 2, 26.

Προτεσταντῶν ἀντιπροσώπων καὶ λαμβάνοντες μέρος εἰς τὰς συζητήσεις παρουσίασαν τὰς ὀρθοδόξους ἀπόψεις μετὰ θάρρους καὶ σαφηνείας

Βεβαίως κατανοοῦμεν τὰς δυσκολίας καὶ τὰ προβλήματα, τὰ ὁποῖα παρουσιάζει ἡ Οἰκουμενικὴ Κίνησις. Ἀντιλαμβανόμεθα, ὅτι οἱ διῃρημένοι Χριστιανοὶ χρησιμοποιοῦν «κοινοὺς ὅρους», ἀλλ' ὑπὸ διάφορον νόημα. Δι' αὐτὸ καὶ εἰς τὰς οἰκουμενικὰς λεγομένας συγκεντρώσεις παρουσιάζεται ἡ ἀντίθεσις, ἔκδηλος. Ἡ πεῖρα ἀπέδειξεν, ἐκ τῶν θεολογικῶν συζητήσεων τῆς Κινήσεως, ὅτι δὲν ὑπάρχει κοινὴ γλῶσσα, χρησιμοποιουμένη ἐνσυνειδήτως ὑφ' ὅλων. Καὶ ἡ βιβλικὴ ὁρολογία ἀκόμη εἰς τὰς οἰκουμενικὰς συγκεντρώσεις ἀποδεικνύεται χρησιμοποιουμένη διφορουμένως.

Παρὰ ταῦτα ὅμως οἱ Ὀρθόδοξοι ἐν ὑπομονῇ πολλῇ, ἀναγνωρίζοντες ὅτι, συμμετέχοντες εἰς τὴν Οἰκουμενικὴν Κίνησιν, ἐπιτελοῦν ἔργον ἱεραποστολικόν, παρακολουθοῦν καὶ συμμετέχουν εἰς τὰς συζητήσεις καὶ πληροφοροῦν τὴν ἀμφιταλαντευομένην θεολογικὴν σκέψιν διὰ τῆς διατυπώσεως τῆς ὀρθοδόξου καθολικῆς διδασκαλίας. Ὅταν ἀνεγνώσθη ἡ ἔκθεσις τῶν Ὀρθοδόξων εἰς τὸ Ἔβανστον ὑπὸ τοῦ Σεβασμ Ἀρχιεπισκόπου κ. κ. Μιχαήλ, ὡς πρὸς τὸ νόημα τῆς ἐν Χριστῷ ἐλπίδος, ἠκούσθησαν κρίσεις ἐπιβεβαιοῦσαι αὐτὸ ἀκριβῶς, ὅπερ προσπαθῶ νὰ ἐκθέσω. Ἡ ἐλπὶς τοῦ κόσμου ἐδείχθη ταυτοσήμαντος μὲ τὴν βασιλείαν τοῦ Θεοῦ, ἡ ὁποία δὲν εἶναι μόνον γεγονὸς τοῦ μέλλοντος, ἀλλὰ καὶ γεγονὸς τοῦ παρόντος, πραγματούμενον ἐν τῇ Ἐκκλησίᾳ, βιούμενον ἐν τῇ ἐμπειρίᾳ τῶν μετ' Αὐτῆς ἡνωμένων πιστῶν διὰ τῶν Μυστηρίων καὶ δὴ διὰ τῆς Θείας Εὐχαριστίας. Εἰς τὸ τέλος τῆς ἐκθέσεως, εἰς τῶν Ἀγγλικανῶν Ἐπισκόπων, ὁ Σεβασμιώτατος Α. Μ Ramsey, Ἐπίσκοπος τοῦ Durham, λαβὼν τὸν λόγον μετὰ προφανοῦς συγκινήσεως, ἐτόνισε τὴν συμφωνίαν του «μὲ τὴν περίδοξον ἔκθεσιν τῆς ὀρθοδόξου ἀντιπροσωπείας».

Διετυπώθη ὑπό τινων ρωμαιοκαθολικῶν δημοσιογράφων, ὅτι, ἐὰν ἡ Ρωμαϊκὴ Ἐκκλησία ἐξεπροσωπεῖτο, οἱ ἀντιπρόσωποι ἢ οἱ παρατηρηταὶ αὐτῆς εἰς τὸ Ἔβανστον, ἐν τῇ ἐπικρατούσῃ θεολογικῇ ἀτμοσφαίρᾳ, θὰ εὑρίσκοντο πλησίον τῶν ἀπόψεων τῶν Ὀρθοδόξων ἀντιπροσώπων. Καὶ εἷς ἐξ αὐτῶν προσθέτει: «Ὡς Ρωμαιοκαθολικὸς ὁ γράφων, πιστεύει ὅτι τὸ Ἅγιον Πνεῦμα ἦτο τὸ ἐνεργοῦν μεταξὺ τῶν ἀπ' ἀλλήλων κεχωρισμένων ἀδελφῶν εἰς Ἔβανστον.»[27]

Ἀναμφιβόλως, εἰς τὰς φωτεινὰς ταύτας σκέψεις δύναται ἡ Ὑμετέρα Σεβασμιότης νὰ εὕρῃ, μεταξὺ ἄλλων, τοὺς λόγους, δυνάμει τῶν ὁποίων ἡ Ὀρθόδοξος Ἐκκλησία, ἐν ᾧ γνωρίζει ὅτι κατέχει τὸ πλήρωμα τῆς ἀληθείας τῆς Μιᾶς, Ἁγίας, Καθολικῆς καὶ Ἀποστολικῆς Ἐκκλησίας τοῦ Χριστοῦ, τῆς μὴ ἐχούσης σπίλον ἢ ῥυτίδα, παρακολουθεῖ μετ' ἐνδιαφέροντος τὴν Οἰκουμενικὴν Κίνησιν, ἐπιθυμοῦσα νὰ συμβάλλῃ, κατὰ τὸ ἐνόν, ἵνα ὀλίγον κατ' ὀλίγον θεραπευθῇ ἡ ἔκτη πληγὴ τοῦ Παναγίου Σώματος τοῦ Χριστοῦ, ὁ χωρισμὸς τουτέστιν τῶν Μελῶν Αὐτοῦ.

Ταῦτα ἐθεώρησα εὔλογον, ἵνα παραθέσω ἐν τῇ ἐπιστολῇ ταύτῃ, διασαφῶν σημαντικῶς σημεῖα τινὰ τῆς περισπουδάστου ἐπιστολῆς Ὑμῶν, ἵνα ἡ Ὑμετέρα Σεβασμιότης λάβῃ σαφεστέραν γνῶσιν τῶν ἀπόψεων τῆς Ὀρθοδόξου Καθολικῆς Ἐκκλησίας, αἵτινες παραμένουσι χθὲς καὶ σήμερον αἱ αὐταὶ καὶ εἰς τοὺς αἰῶνας.

---

27 "Living Church," 9 Σεπτεμβρίου 1954.

[61]

Εἴθε τὸ Πανάγιον Πνεῦμα, τὸ ἐνοικοῦν ἐν τῇ Ἐκκλησίᾳ, νὰ χειραγωγήσῃ τὴν ἀρχηγίαν τῆς Ἁγίας Δυτικῆς Ἐκκλησίας, ἵνα τείνῃ χεῖρα φιλίας καὶ συνεργασίας πρὸς τὴν Ἁγίαν Ὀρθόδοξον Ἀνατολικὴν Ἐκκλησίαν καὶ τὰς ἄλλας Χριστιανικὰς Ὁμάδας, ἵνα ἡ ἕκτη πληγή, ἣν ἐδημιούργησε τὸ Σχίσμα τοῦ 1054 καὶ τὸ τῆς Μεταρρυθμίσεως τοῦ 16ου αἰῶνος ἐπὶ τοῦ Παναχράντου Σώματος τοῦ Χριστοῦ, ἡμέρᾳ τῇ ἡμέρᾳ θεραπεύηται διὰ τῆς ἀγάπης, ἥτις θὰ κατεργασθῇ καὶ τῆς πίστεως τὴν ἑνότητα καὶ τῆς Βασιλείας τοῦ Χριστοῦ τὴν ἐπικράτησιν, κατὰ τὸ ἐν οὐρανοῖς πρότυπον αὐτῆς.

Ἐπὶ τούτοις διατελῶ μετὰ θερμῶν εὐχῶν καὶ ἀδελφικῶν προσρήσεων,

ΑΘΗΝΑΓΟΡΑΣ, Ἐπίσκοπος Ἐλαίας
Ὑμέτερος ἐν Χριστῷ,

Λὸς Ἄγγελες, Καλιφορνίας
Ἑορτὴ τῆς Ἁγίας Αἰκατερίνης
Ἡμέρα τῶν Εὐχαριστιῶν.
1 9 5 4

Ὑ.Γ. Τὰ ἀποστελλόμενα βιβλία καὶ φυλλάδια ἴσως νὰ κατατοπίσουν καλλίτερον τὴν Ὑμετέραν Σεβασμιότητα.

1. Selected Basilian tracts
2. "Orthodoxy," a magazine published by the Basilian Fathers
3. The Greek Orthodox Faith, by Archbishop Michael
4. The Schism of the Roman Catholic Church from the Eastern Orthodox, by Archbishop Michael
5. The Papacy, by Abbe Guettee
6. Christian Orthodoxy and Roman Catholicism, by Bishop Athenagoras Kokkinakis
7. L'Eglise du Christ d'apres St. Jean Chrysostom, by Metropolitan Genadius
8. Declaration of the Orthodox Delegates, Second World Council of Churches Evanston, 1954

Δεκεμβρίου 30, 1954

Ἐπιστολὴ τοῦ Καρδιναλίου Μακιντάϊαρ

ARCHDIOCESE OF LOS ANGELES

1531 West Ninth Street

Los Angeles 15, California

Πρὸς τὴν Αὐτοῦ Ἐξοχότητα
Τὸν Ἐπίσκοπον Ἀθηναγόραν Κοκκινάκην
Καθεδρικὸς Ναὸς τῆς Ἁγίας Σοφίας
1404 S Normandie
Los Angeles, California

Ἐξοχώτατε,

Ἐπιθυμῶ νὰ γνωρίσω μετ' εὐγνώμονος ἐκτιμήσεως τὴν λῆψιν τῆς Ὑμετέρας ἐπιστολῆς "Thanksgiving Day 1954" καὶ τὰ ἐν αὐτῇ διάφορα ἐσώκλειστα ἀριθμούμενα.

Εὐχαρίστως θὰ διεξέλθω ἐπισταμένως τὴν ἀπάντησιν ταύτην τῆς ἐπιστολῆς μου τοῦ παρελθόντος θέρους, βέβαιος ὢν ὅτι θὰ εἶναι αὕτη ἐνδιαφέρουσα καὶ πνευματώδης.

Πληροφορούμεθα ὅτι μετεκλήθητε εἰς τὰς Ἀνατολικὰς Πολιτείας. Ἐλπίζω ὅτι θὰ εὕρητε τὴν ἐκεῖ ἐργασίαν σας τὰ μάλιστα εὐχάριστον. Καίτοι εἶμαι βέβαιος ὅτι τὸ ποίμνιόν σας ἐν Λὸς Ἄγγελες θὰ λυπηθῇ ὡς ἐκ τῆς ἀναχωρήσεώς σας.

Μετὰ εἰλικρινεστέρων εὐχῶν, προσευχόμενος ὑπὲρ τῶν ἐπὶ Σὲ εὐλογιῶν, διατελῶ,

Πιστῶς ἐν Χριστῷ,

JAMES CARDINAL McINTYRE
Archbishop of Los Angeles

Printed in the USA
CPSIA information can be obtained
at www.ICGtesting.com
LVHW090338061023
760226LV00003B/13